I0041009

THÈSE

POUR LE DOCTORAT

NUM 2010

La Faculté n'entend donner aucune approbation n
improbation aux opinions émises dans les thèses ; ces
pinions doivent être considérées comme propres à
leurs auteurs.

UNIVERSITÉ DE PARIS. — FACULTÉ DE DROIT

DE LA
TRANSCRIPTION
DES
JUGEMENTS D'ADJUDICATION

THÈSE POUR LE DOCTORAT

SUR LES MATIÈRES CI-APRÈS

3 Novembre 1900, à 8 heures 1/2

PAR

BRUNEREAU

I. GLASSON, *Professeur.*

Suffragants : { M. GÉRARDIN, *Professeur.*

Ambroise COLIN, *Agrégé.*

PARIS
LIBRAIRIE NOUVELLE DE DROIT & DE JURISPRUDENCE
ARTHUR ROUSSEAU, ÉDITEUR
14, RUE SOUFFLOT ET RUE TOULLIER, 13

1900

La Faculté n'entend donner aucune
improbation aux opinions émises dans
pinions doivent être considérées com
leurs auteurs.

UNIVERSITÉ DE PARIS. — FACULTÉ DE DROIT

DE LA
TRANSCRIPTION
DES
JUGEMENTS D'ADJUDICATION

THÈSE POUR LE DOCTORAT

L'ACTE PUBLIC SUR LES MATIÈRES CI-APRÈS

sera soutenu le Samedi 3 Novembre 1900, à 8 heures 1/2

PAR

AIMÉ BRUNEREAU

Président : M. GLASSON, *Professeur.*

Suffragants : MM. GÉRARDIN, *Professeur.*
Ambroise COLIN, *Agrégé.*

PARIS
LIBRAIRIE NOUVELLE DE DROIT & DE JURISPRUDENCE
ARTHUR ROUSSEAU, ÉDITEUR
14, RUE SOUFFLOT ET RUE TOULLIER, 13

1900

À MON PÈRE

A MA MÈRE

BIBLIOGRAPHIE

Aubry et Rau. — Commentaire du Code civil.

Boitard, Colmet d'Aage et Glasson. — Cours de procédure civile.

Bioche. — Dictionnaire de procédure.

Championnière et Rigaud. — Traité des droits d'enregistrement.

Demolombe. — Droit civil.

Ducruet. — Commentaire de la loi de 1855.

Duranton. -- Droit civil.

Flandin. — Traité de la transcription.

Grenier. — Traité des hypothèques.

Grosse. — Commentaire de la loi de 1855.

Merlin. — Répertoire.

Mourlon. — Traité de la transcription.

Ollivier et Mourlon. — Commentaire de la loi de 1858.

Pigeau. — Procédure civile.

Rivière et Huguet. — Questions pratiques sur la transcription.

Rodière. — Procédure civile.

Seligman. — Commentaire de la loi de 1858.

Troplong. — De la transcription.

Verdier. — De la transcription.

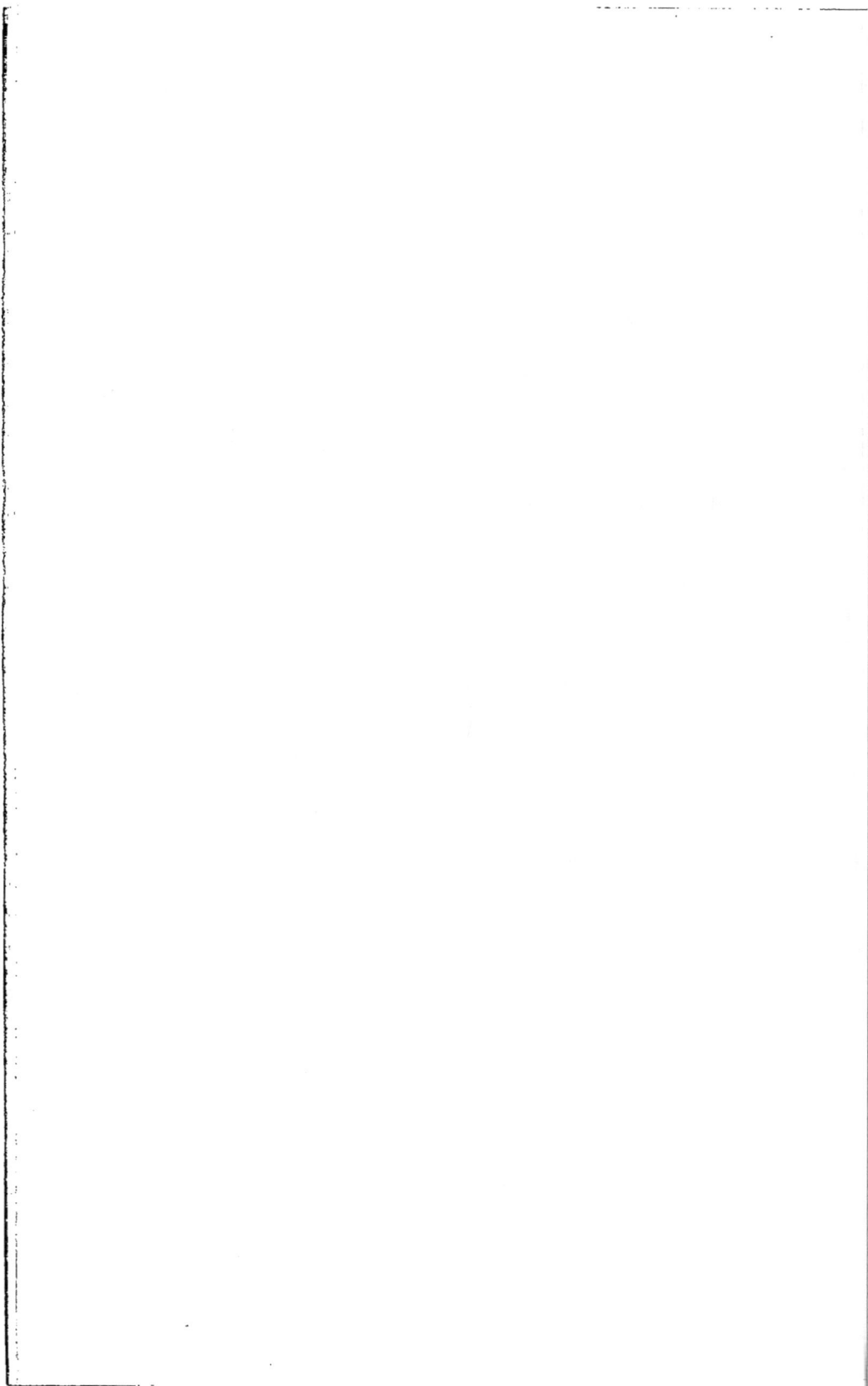

INTRODUCTION

La Transcription est une formalité qui consiste dans la copie littérale d'un acte sur des registres spéciaux tenus par des fonctionnaires publics et que tous les intéressés peuvent librement consulter. Elle a pour but d'assurer la publicité des actes entre vifs translatifs de propriété immobilière ou de droits réels susceptibles d'hypothèque, ou constatant un droit de nature à modifier la valeur d'un immeuble. D'autre part, elle augmente le crédit foncier en donnant une sécurité absolue à l'acquéreur et au créancier, au premier en le mettant à l'abri de toute éviction, au second en lui permettant de s'assurer que la fortune immobilière de son débiteur est suffisante pour garantir le remboursement de ses créances. A ce titre, elle est une condition essentielle de l'acquisition à l'égard des tiers.

De plus elle constitue l'acte préliminaire de la purge effectuée par l'acquéreur qui veut conserver l'immeuble qu'il vient d'acquérir libre de toutes les charges établies qu'à l'égard des tiers ayant des droits sur l'immeuble, le transfert de propriété ne serait effectué qu'à partir de la transcription du titre translatif; c'était faire de la transcription une condition essentielle de la mutation de propriété.

D'autre part, l'article 30 dispose : « Si le prix exprimé dans le contrat est insuffisant pour acquitter toutes les charges et hypothèques, l'acquéreur, pour se dispenser d'en payer l'intégralité et se garantir de l'effet des poursuites autorisées par l'article 44. est tenu de notifier, dans le mois de la transcription de l'acte de mutation, aux créanciers, aux domiciles par eux élus : 1° son contrat d'acquisition ; 2° le certificat de transcription qu'il en a requis. » Par conséquent la transcription avait pour effet d'arrêter le cours des inscriptions et servait de préliminaire à la purge des hypothèques inscrites.

Vint le code civil. Le projet contenait le principe que le simple consentement des parties suffisait pour rendre l'acquéreur propriétaire ; dès lors la propriété était transmise de l'aliénateur à l'acquéreur à l'instant même où ceux-ci s'étaient entendus sur les conditions du transfert et, par suite, la transcription n'était pas conservée comme condition de la mutation de propriété.

Le projet de loi fut très attaqué et la question, d'abord renvoyée à la discussion des privilèges et hypothèques, fut reprise à ce moment et donna lieu à un débat violent. Le projet présenté par le Conseil d'État contenait deux articles qui reproduisaient les dispositions de la loi de Brumaire et considéraient la transcription comme nécessaire pour rendre l'acquéreur propriétaire à l'égard des tiers. Grâce à l'opposition de Tronchet, ils ne furent pas adoptés et on les renvoya à la section de législation en vue d'y apporter quelques modifications. Ils ne reparurent plus, sans qu'on puisse savoir la cause exacte de leur disparition.

Ainsi le code civil rejetait la transcription comme condition essentielle du transfert de la propriété, il ne la conservait qu'en cas de donation de biens susceptibles d'hypothèques, afin d'assurer l'indépendance du donateur.

Mais il la maintenait comme formalité préliminaire de la purge.

Et alors pouvaient se produire des résultats fâcheux : les hypothèques consenties avant la vente n'étaient opposables à l'acquéreur que si elles avaient été inscrites également avant cette vente. Il était ainsi facile à un propriétaire de frustrer celui qui consentait à devenir son créancier ; il n'avait qu'à vendre l'immeuble hypothéqué avant que ce créancier ait eu le temps de prendre inscription. La propriété étant transférée par simple consentement, l'immeuble changeait de mains aussitôt et quand le créancier se présentait au bureau des hypothèques pour prendre inscription, il était trop tard, l'hypothèque ne pouvait plus frapper l'immeuble sorti du patrimoine de son débiteur.

Les inconvénients produits par le système du Code civil amenèrent des réclamations nombreuses ; des pétitions furent adressées aux Chambres, si bien qu'en 1841 le Garde des Sceaux provoqua dans les Cours d'appel et les Facultés de droit une enquête sur les réformes à apporter. La nécessité de la publicité des mutations foncières fut ainsi reconnue et un projet en ce sens fut élaboré et discuté en 1850. Mais les événements politiques de 1851 firent renvoyer la discussion, si bien que le projet ne fut plus repris dans son ensemble et que le gouvernement impérial se borna à en détacher certaines dispositions qui devinrent la loi du 23 mars 1855.

Le principe dominant de cette loi est que le tiers qui contracte avec un propriétaire doit connaître exactement la valeur des droits de celui-ci sur son immeuble. C'est pourquoi la loi soumet à la transcription, en dehors des actes entre vifs translatifs de propriété et de droits réels, tous les actes ou jugements contenant constitution de droits réels ou personnels de nature à modifier la valeur de l'immeuble, tels que l'antichrèse, les servitudes, l'usage, l'habitation, etc.

Mais, d'autre part, la loi de 1855 reproduit le système de la loi de Brumaire : entre les parties la propriété est transmise par le seul effet du consentement ; à l'égard des tiers qui ont des droits réels sur l'immeuble et qui les ont conservés en se conformant aux lois, elle ne sera réputée transférée qu'après la transcription du titre d'acquisition.

La loi n'apporte aucune modification à la purge.

Ainsi la transcription a, dans notre droit, un double intérêt : c'est à partir de son accomplissement que la propriété est censée transmise à l'égard de tous ; elle est le préliminaire obligé de la purge des hypothèques.

Nous ne pouvons pas aborder ici une étude d'ensemble de la transcription, nous nous bornerons à examiner la seule transcription des jugements d'adjudication. Celle-ci présente, en effet, un grand intérêt pratique et, d'autre part, nous avons remarqué que bien des questions qu'elle soulève sont loin d'être tranchées d'une façon définitive et qu'il existe à leur sujet entre les auteurs de nombreuses et graves divergences d'opinions que, sur certains points, la jurisprudence n'a fait qu'accentuer.

S'il en est ainsi, c'est que, trop souvent, on se refuse à donner à la loi de 1855 la portée générale qu'elle doit avoir et que, s'en tenant trop aux mots, on en néglige l'esprit. Aussi est-ce par une application juste et raisonnée des principes qui dominent cette loi que nous nous proposons de résoudre les questions délicates que nous rencontrerons au cours de cette étude.

Dans une première partie nous rechercherons si l'adjudicataire est toujours tenu de faire transcrire pour pouvoir opposer l'adjudication aux tiers ayant des droits sur l'immeuble adjugé et, dans une seconde partie, s'il doit faire transcrire pour purger.

PREMIÈRE PARTIE

Transcription des jugements d'adjudication au point de vue du transfert de la propriété.

CHAPITRE PREMIER

COMMENT RECONNAIT-ON QU'UN JUGEMENT D'ADJUDICATION DOIT ÊTRE TRANSCRIT OU NON

En général les jugements d'adjudication jouent le même rôle que la vente, l'adjudication n'étant en somme qu'une vente judiciaire. Elle diffère évidemment de la vente volontaire par la forme, elle présente certaines particularités qui la distinguent de celle-ci; mais elle n'en conserve pas moins tous les caractères essentiels de la vente volontaire.

« Or, dit Mourlon (1), nul ne peut acheter sa propre chose, car acheter, c'est acquérir et l'acquisition d'une chose qui déjà est nôtre, implique une impossibilité aussi réelle que juridique Il semble donc que l'adjudication est par essence, et par conséquent dans toutes

(1) MOURLON, Transcript., n° 78.

les hypothèses possibles, un acte translatif de propriété. »

Mais il n'en est pas toujours ainsi.

A côté des jugements d'adjudication translatifs, nous en voyons de simplement *déclaratifs*, c'est-à-dire qui visent une transmission de propriété, mais avec la fiction que le transfert a eu lieu à une époque antérieure, en sorte que le jugement ne fait que constater un état de choses réputé préexistant. Il en est ainsi en cas de licitation. Elle a pour but de faire cesser l'indivision: c'est une forme du partage ; et le jugement d'adjudication qui la termine est comme lui, en vertu du principe établi par l'article 883 du Code civil, un acte déclaratif de propriété, pourvu toutefois que l'adjudicataire soit un des colicitants. Si l'adjudicataire est un tiers, on revient alors à la théorie ordinaire de la vente translative de propriété.

Enfin certains jugements d'adjudication sont *confirmatifs*, c'est-à-dire qu'ils ne font que maintenir la propriété sur la tête de celui qui l'a déjà. Ainsi en cas d'adjudication survenue à la suite de poursuites exercées par les créanciers d'un vendeur contre l'acquéreur : lorsque celui-ci reste adjudicataire, le jugement d'adjudication n'a pour effet que de lui conserver la propriété sur sa chose. De même en cas de surenchère du dixième ou du sixième : nous verrons au cours de notre étude que lorsque le premier adjudicataire se porte dernier enchérisseur, le jugement d'adjudication ne fait qu'écarter une cause d'éviction qui le menaçait et consolider ainsi son droit de propriété.

Ainsi les jugements d'adjudication sont *translatifs, déclaratifs* ou *confirmatifs*. Quels sont ceux qui sont soumis à la formalité de la transcription ; quels sont ceux qui en sont dispensés ?

L'article 1er, no 4, de la loi de 1855 qui s'occupe de de notre matière dit : « Seront transcrits... 4° tout jugement d'adjudication autre que celui rendu sur licitation au profit d'un cohéritier ou d'un copartageant. » A prendre ce texte à la lettre il faudrait dire que le législateur de 1855 n'a entendu dispenser de la transcription que les seuls jugements d'adjudication déclaratifs et que tous les autres, qu'ils soient confirmatifs ou translatifs sont soumis à cette formalité.

Mais est-ce bien là l'intention du législateur et doit-on interpréter ce texte d'une façon aussi restrictive ? Nous pensons qu'il est indispensable de s'inspirer ici des principes généraux qui dominent la transcription. Or la loi de Brumaire, an VII, dans son article 26, dispose que : « les actes *translatifs* de biens et droits susceptibles d'hypothèque, doivent être transcrits sur les registres du bureau de la conservation des hypothèques dans l'arrondissement duquel les biens sont situés. » Et l'article 1er de la loi de 1855 dit : « Seront transcrits... 1° tout acte *translatif* de propriété ou de droits réels susceptibles d'hypothèques. » Il ressort donc nettement de ces textes que les législateurs de l'an VII, et, après

eux, ceux de 1855, ont entendu ne soumettre à la transcription que les seuls actes opérant transfert de propriété ou de droits réels.

Dès lors, devrons nous dire, en interprétant littérale-
ment le n° 4 de l'article 1 de la loi de 1855, que tous les
jugements d'adjudication autres que ceux qui sont déclaratifs devront être transcrits ? Ou bien, en raison des
principes généraux, devrons nous dire que ces jugements ne devront êtres transcrits qu'autant qu'ils opé-
reront transfert de propriété ? En d'autres termes, les
jugements d'adjudication sont ils soumis à la transcription en tant que jugements d'adjudication ou bien
seulement en tant qu'actes translatifs de propriété ?

Nous pensons qu'il faut adopter la deuxième proposition. En effet, le n° 1 de l'article 1er de la loi de 1855 pose
un principe absolu ; les numéros suivants ne sont que
des applications de ce principe. Le n° 2 vise les actes
portant renonciation à la propriété ou à des droits
réels ; le n° 3, les jugements qui déclarent l'existence
d'une convention verbale de même nature. Il doit en être
de même du n° 4 : il a pour but de soumettre à la transcription les jugements d'adjudication opérant transfert
de propriété ou de droits réels. S'il mentionne certains
jugements dispensés de transcription, c'est uniquement
à titre d'exemple, le législateur n'ayant pas pu donner
une énumération complète et n'ayant cité que les jugements déclaratifs, les plus fréquents en pratique.

En adoptant cette proposition nous ne faisons d'ailleurs que nous conformer à l'opinion de la plupart des auteurs : (1) Troplong. Ducruet, Grosse soutiennent le même principe; Rivière et Huguet disent très bien : « Si les jugements d'adjudication sont soumis à la transcription, c'est parce qu'en général ils sont translatifs de propriété au profit de l'adjudicataire ; mais, lorsqu'ils n'ont pas cet effet, ce serait aller contre l'esprit de la loi que de les assujettir à la formalité. »

D'ailleurs nous trouvons encore un argument dans l'article 2189 du Code civil, ainsi conçu : « L'acquéreur ou le donataire qui conserve l'immeuble mis aux enchères, en se rendant dernier enchérisseur, n'est pas tenu de faire transcrire le jugement d'adjudication ». Ce texte n'aurait pas dû rester dans le Code après le rejet des principes de la transcription pour les actes à titre onéreux, par la raison qu'il était inutile de dispenser l'acquéreur ou le donataire d'une formalité qui n'était pas prescrite à d'autres. Sa présence ne peut s'expliquer que par un oubli du législateur. En effet, avant le code, l'article 22 de la loi du 11 Brumaire, an VII, sur les expropriations forcées, disait : « L'adjudication doit être transcrite, à la diligence de l'adjudicataire, sur les registres du bureau de la conservation des hypothèques de la situation des biens, dans le mois de sa prononciation. Il

---

(1) TROPLONG, Transcript., n° 100.
DUCRUET, Comment. de la loi de 1855, p. 4 et 5.
GROSSE, Comment. de la loi de 1855, n° 62.
RIVIÈRE ET HUGUET, Questions, n° 115.

ne peut, avant l'accomplissement de cette formalité, se mettre en possession des bien adjugés ; et, après l'expiration du mois, les créanciers non remboursés ont aussi la faculté, même sans attendre l'échéance du terme d'exigibilité de leurs créances, de faire procéder contre l'adjudicataire, et à sa folle enchère, à la revente et adjudication des biens, dans les mêmes formes et délais qu'à l'égard du saisi, sauf que le commandement sera remplacé par une dénonciation du certificat, délivré par le conservateur des hypothèques, que la transcription du jugement d'adjudication n'a pas été faite. » On peut admettre que le législateur avait eu l'intention de maintenir cette disposition dans le code de procédure ; et dans ce cas, l'article 2189 aurait eu pour but de dispenser certaines personnes des formalités de la transcription. Puis il a rejeté cette règle, et il a omis de supprimer l'article 2189 admis auparavant.

Quoi qu'il en soit, cet article a repris toute sa force après la loi de 1855. Il faut supposer que l'acquéreur ou le donataire d'un immeuble hypothéqué, dans l'intention de le débarrasser des charges qui le grèvent, a fait aux créanciers du vendeur ou du donateur des offres à fin de purge. Les créanciers ne les ont pas acceptées et ont provoqué la surenchère du dixième. L'immeuble est vendu aux enchères publiques, et l'acquéreur ou le donataire reste adjudicataire. Il conserve ainsi le droit qu'il avait acquis auparavant et qui était fondé sur son titre de vente ou de donation. Le jugement d'adjudication est confirmatif et non translatif, il ne sera donc pas transcrit.

Nous posons donc en principe que les jugements d'adjudication *translatifs* seuls sont soumis à la transcription.

Et nous pensons que ce principe doit être étendu aux adjudications devant notaire ; et qu'il faut dire en conséquence que les procès-verbaux qui les constatent seront transcrits si l'adjudication est translative de propriété ; qu'ils ne le seront pas dans le cas contraire.

La loi de 1855 a organisé un mode spécial de publicité pour les jugements qui prononcent la résolution, la nullité ou la rescision d'un acte transcrit. Ce ne sont pas des jugements d'adjudication ; et par suite, nous n'avons pas à nous en occuper ; mais il est néanmoins intéressant de signaler la prescription de la loi qui les concerne, en raison de leur analogie avec les jugements d'adjudication confirmatifs.

L'article 4 de la loi de 1855 dit : « Tout jugement prononçant la résolution, nullité ou rescision d'un acte transcrit, doit, dans le mois à dater du jour où il a acquis l'autorité de la chose jugée, être mentionné en marge de la transcription faite sur le registre. »

Ainsi, bien que ces jugements aient pour seul but de constater que la propriété n'a jamais été transmise, et par conséquent qu'ils aient pour effet seulement de consolider la propriété sur la tête du premier titulaire, le législateur les a soumis à la formalité de la mention en

marge. Mais cette mention constitue un simple rensei-
gnement pour les tiers et ne produit pas les effets de la
transcription, en ce sens, que le jugement prononçant
la résolution, la nullité ou la rescision acquiert toute sa
force au jour où il est rendu; et que le propriétaire peut
s'en prévaloir à l'égard des tiers, même avant que la
mention en marge ne soit faite.

Ainsi, pour savoir si un jugement d'adjudication doit
être transcrit, nous n'avons qu'à rechercher s'il est
translatif, déclaratif ou confirmatif. Ce sera l'objet du
chapitre suivant, que nous diviserons en trois sections :
dans la première nous verrons, les jugements que nous
considérons comme translatifs de propriété; dans la
deuxième, ceux qui sont confirmatifs; et, dans la troi-
sième, ceux qui sont déclaratifs.

CHAPITRE II

ÉTUDE DES DIVERS JUGEMENTS D'ADJUDICATION AU POINT DE VUE DE LA LOI DE 1855

SECTION PREMIÈRE

Jugements d'adjudication translatifs

Nous considérons comme translatifs de propriété : les jugements d'adjudication des biens d'une succession bénéficiaire au profit d'u autre que l'héritier bénéficiaire; des biens d'une succession vacante au profit d'un autre que l'héritier; sur licitation au profit d'un tiers; sur délaissement au profit d'un autre que le délaissant; sur surenchère du dixième au profit d'un autre que le tiers détenteur; sur surenchère du sixième; sur saisie immobilière; sur conversion de saisie; des biens de mineurs et de faillis sur la poursuite des syndics; et enfin sur folle enchère quand la première adjudication n'a pas été transcrite.

§ 1. — **Jugement d'adjudication des biens d'une succession bénéficiaire au profit d'un autre que l'héritier bénéficiaire.**

Lorsqu'un héritier estime que la succession à lui échue est insuffisante pour désintéresser les créanciers du défunt, il peut, afin d'éviter d'être tenu des dettes sur son actif personnel, déclarer qu'il n'accepte la succession que sous bénéfice d'inventaire. La loi lui accorde des délais suffisants pour lui permettre de prendre parti et de faire inventaire. Mais si, avant l'expiration de ces délais, il est nécessaire de vendre certains immeubles de la succession, la vente ne peut en être faite, d'après l'article 806 C. civ. et l'article 987, C. p. civ. qu'après un jugement qui l'autorise, et suivant les formes prescrites pour les biens de mineurs, c'est-à-dire devant un notaire commis ou devant le juge chargé des criées.

Lorsque toutes les formalités prescrites sont observées et que les immeubles sont vendus aux enchères publiques, le jugement d'adjudication doit-il être transcrit?

Si l'héritier bénéficiaire reste adjudicataire, nous pensons que l'adjudication est simplement confirmative et nous démontrerons plus loin qu'il n'y a pas lieu de transcrire.

Mais lorsque l'adjudication est prononcée au profit d'un tiers, il y a bien transfert de propriété et le jugement d'adjudication doit être transcrit, selon la prescription de l'article 1er, n° 4, de la loi de 1855.

§ II. — **Jugement d'adjudication des biens d'une succession vacante.**

Dans le cas où les délais donnés par la loi pour prendre parti et pour faire inventaire sont expirés sans que personne ne se soit présenté pour recueillir la succession, si aucun héritier n'est connu ou si les héritiers connus y ont renoncé, l'article 998, C. pr. civ., déclare que la succession est réputée vacante et qu'elle doit être pourvue d'un curateur.

Les immeubles qui en font partie doivent être vendus selon les règles prescrites pour la succession bénéficiaire.

Mais alors nous nous trouvons en présence d'une vente ordinaire et, dans le cas où elle a lieu à l'audience des criées, le jugement d'adjudication doit être transcrit.

§ III. — Jugement d'adjudication sur licitation au profit d'un tiers

Ce jugement est soumis à la transcription, d'abord parce qu'il est translatif de propriété et tombe sous l'application de l'article 1er, n° 1, de la loi de 1855 et aussi parce que par le n° 4 du même article la loi n'exempte de la transcription que les seuls jugements d'adjudication sur licitation rendus au profit d'un cohéritier ou d'un copartageant.

D'ailleurs cela est conforme aux principes qui régissent le partage, auquel est assimilée la licitation. En effet, tandis que tout d'abord le partage était considéré comme une *acquisition*, l'ancienne jurisprudence a admis une fiction qui a modifié la théorie primitive. Nous la trouvons rapportée dans Pothier en ces termes : « Le principal effet du partage est de déterminer la portion de chacun des cohéritiers et de la restreindre aux seuls effets qui lui sont assignés pour son lot, de manière que chaque cohéritier soit censé avoir seul succédé immédiatement au défunt, à tous les effets compris en son lot, et n'avoir succédé à aucun de ceux compris dans le lot de ses cohéritiers. Le partage n'est donc pas considéré comme une acquisition... mais comme un acte déterminatif des choses auxquelles chaque héritier a succédé au défunt. » (1)

C'est cette théorie que le Code civil a adoptée, en reproduisant la même fiction dans l'article 883. Par conséquent, aujourd'hui comme dans l'ancien droit, chaque cohéritier est considéré comme tenant directement du défunt les objets qu'il reçoit par l'effet du partage ; ses cohéritiers ne lui transmettent rien et cela alors même que les objets à lui attribués absorberaient la totalité de la succession. Et par suite chaque cohéritier étant réputé n'avoir jamais eu de droits sur les objets attribués aux autres, les droits réels qu'il a constitués durant l'indivision, ne peuvent grever que son lot. Le partage est dit pour cette raison déclaratif.

Mais ce caractère déclaratif du partage ne se conçoit qu'autant que les biens sont divisés entre les seuls cohéritiers, il ne saurait être étendu au cas où des tiers se rendent adjudicataires après licitation. Les termes de l'article 883 sont formels : chaque *cohéritier*

(1) *Traité des licitations.*

est censé avoir succédé seul et immédiatement à tous
les effets compris dans *son lot*, ou à *lui échus* sur licitation, et n'avoir jamais eu la propriété des autres effets
de la succession. Il n'est ainsi question que des seuls
cohéritiers et les tiers sont implicitement exclus.

D'ailleurs le principe de cet article, principe de succession directe, ne peut s'appliquer qu'à un cohéritier
et non à un étranger qui, n'étant pas héritier, ne peut
être censé avoir succédé au défunt. Dans ce dernier cas
l'adjudication sur licitation est une vente et le jugement
doit être transcrit.

Cette solution a cependant été contredite par Mourlon (1), qui prétendait que l'adjudication sur licitation
était bien une vente à l'égard de l'adjudicataire, mais
qu'à l'égard des cohéritiers elle était un véritable partage, par la raison qu'elle avait pour but de préparer et
de faciliter le partage. Et il en déduisait que les hypothèques et les autres droits réels consentis par les
cohériers, durant l'indivision, n'étaient pas opposables
à l'adjudicataire et que, dès lors, celui-ci n'était pas
tenu de transcrire le jugement d'adjudication.

Nous repoussons absolument cette théorie et nous
considérons comme seule vraie celle que nous venons
d'exposer et qui est adoptée par la majorité des
auteurs (2).

(1) Code civil, t. II, n° 485.
(2) DEMOLOMBE, t. XVII. p. 325. — TROPLONG, Vente, t. I, n° 12
et 876. Hypoth., t. I, n° 291. — DUVERGIER, Vente, t. II, n° 147. —
DURANTON. t. VII, n° 520. — ZACHALLE, t. V, p. 266.

D'autre part on a voulu trouver une difficulté d'application du système que nous défendons dans le cas suivant : Les cohéritiers licitent leurs biens indivis, puis, après l'adjudication, ils procèdent au partage de la succession et mettent dans le lot d'un seul d'entre eux la créance entière du prix d'adjudication. Dans ce cas, a-t-on dit, les cohéritiers non créanciers du prix ne peuvent pas être considérés comme vendeurs, ils sont censés n'avoir jamais été propriétaires et, à leur égard, la licitation est déclarative, bien que l'adjudicataire soit un étranger.

Nous ne contestons pas du tout qu'il en soit ainsi, mais d'autre part nous ne voyons là aucune difficulté spéciale dans l'application de notre théorie. Les cohéritiers non créanciers du prix ne sont point, en effet, des vendeurs ; à leur égard la licitation produit les effets d'un véritable partage, mais il n'en est pas moins vrai que l'héritier, créancier du prix, est réputé propriétaire jusqu'à l'adjudication ; il conserve la qualité de vendeur ; à son égard la licitation garde bien le caractère d'une vente ; et par conséquent, le jugement d'adjudication doit toujours être transcrit (1).

Nous trouvons par contre une difficulté plus grave dans le cas où l'un des cohéritiers a cédé à un tiers ses droits indivis dans la succession et où le cessionnaire se porte plus tard adjudicataire de l'immeuble licité.

(1) En ce sens : DEMANTE, t. III. n° 225 bis. Cass.. 18 juin 1834. — D. 34. 1. 276,

Va-t-on considérer cet adjudicataire comme un cohéritier où comme un étranger? Va-t-on dire que les droits
réels, consentis pendant l'indivision par les cohéritiers,
ne lui sont pas opposables et que, par suite, la transcription du jugement est inutile ; ou bien au contraire
va-t-on reconnaître la validité de ces droits contre lui et
exiger la transcription du jugement?

La jurisprudence l'avait d'abord considéré comme un
étranger et adopté toutes les conséquences qui décou-
laient de ce principe. La Cour de cassation donnait
comme motif de ses décisions que l'article 883, C. civ.
ne pouvait pas lui être appliqué parce qu'il fallait pour
cela que l'indivision ait eu pour origine un titre commun entre tous les copartageants. Car, disait-elle, si
l'adjudicataire était propriétaire, c'était en vertu « non
d'un droit successif semblable à celui des cohéritiers,
mais d'une vente précédente à lui faite par un cohéritier (1) ».

La cour de Douai soutenait le même principe dans un
arrêt rendu le 2 mai 1848, affaire Paunier (2), et dans
lequel elle ne faisait qu'adopter les motifs du tribunal
de Montreuil qui disait : « Attendu que, pour qu'il y ait
lieu à l'application de l'article 883, C. civ. il faut que les
associés ou cohéritiers tiennent leur droit d'un titre ou
d'une origine commune existant antérieurement à

(1) Cass. : 11 fév. 1846. D. 46. 1, 102 ; — 9 nov. 1847 : D. 47, 4,
473 ; — 26 janv. 1848. D. 48. 1, 56.
(2) D. 1849, 2, 394.

'acquisition que fait l'un d'eux, de la part indivise de son copropriétaire ; que ce n'est que dans ce cas que la fiction créée par cet article doit avoir son effet. ».

Mais en 1857 la Cour de cassation abandonne ce système. Dans un arrêt rendu le 27 janvier, affaire Mesplès (1), elle écarte la nécessité du titre commun d'indivision. La licitation produit l'effet du partage par cela seul que l'adjudicataire était colicitant et sans se préoccuper de la nature de son titre de propriété. Par suite, l'adjudicataire cessionnaire d'un cohéritier est traité comme héritier; et les hypothèques et autres droits réels consentis par les autres colicitants s'évanouissent.

« Attendu, dit l'arrêt, que du rapprochement des articles 883, 1476 et 1872. C. Nap. il résulte qu'il est de principe général, en matière de partage, que chaque co-partageant est censé avoir succédé seul et immédiatement à tous les effets compris dans son lot, ou à lui échus sur licitation, et n'avoir jamais eu la propriété des autres effets ; qu'aucune disposition de la loi n'exige, pour l'application de ce principe, que les cohéritiers ou associés le soient devenus au même titre ; — Attendu que la vente qu'un cohéritier fait de ses droits successifs à un tiers emporte, lorsque le retrait n'a pas été exercé, subrogation pleine et entière de l'acquéreur dans les droits du vendeur ; — que l'acquéreur peut, comme le

(1) D. 1857, 1, 5.

vendeur l'aurait pu lui-même, demander le partage des
biens communs ; — que si le partage s'opère en nature,
l'acquéreur est censé avoir, du chef de son vendeur,
succédé seul et immédiatement à tous les effets compris dans son lot ; — ...qu'il suit de là que la licitation,
qui s'opère entre l'acquéreur des droits d'un copartageant et les autres copropriétaires, doit produire le
même effet que celle qui aurait eu lieu entre tous les
cohéritiers avant la vente. »

Seulement, après avoir admis que l'adjudicataire,
cessionnaire des droits d'un cohéritier, ne subit pas les
droits hypothécaires établis par les cohéritiers, la Cour
de cassation, dans le même arrêt, met à sa charge les
droits de transcription, comme s'il était un étranger.
« Attendu, dit-elle, que, s'il résulte des lois spéciales
sur l'enregistrement que les dispositions de l'article 883
ne sont pas applicables dans les matières que ces lois
régissent, elles reprennent tout leur empire dans les
matières de droit commun. »

On voit que, pour expliquer l'anomalie qu'elle con-
sacre, la Cour de cassation dit que l'article 883 n'est pas
applicable dans les matières d'enregistrement. Mais
cette assertion n'est pas justifiée : le droit de transcription ne peut être exigé que pour les actes de nature à
être transcrits, c'est-à-dire ceux qui donnent lieu à la
purge. Or, tout adjudicataire sur licitation qui peut
repousser les créanciers hypothécaires des colicitants,
en vertu de la disposition de l'article 883, n'a pas besoin

de purger et, par suite, il ne doit pas payer les droits de transcription.

On ne voit donc pas pourquoi la Cour de cassation établit une distinction entre les matières fiscales et civiles. Peut-être a-t-elle voulu ainsi éviter les fraudes qui consistaient, de la part d'un tiers, à se rendre d'abord acquéreur d'une parcelle de biens indivis, de façon à avoir la qualité de copropriétaire ; puis, après licitation, à rester adjudicataire de l'ensemble des biens et d'échapper ainsi, grâce à son titre de colicitant, au paiement des droits de transcription. Mais ce serait une raison bien faible pour faire adopter un système aussi étrange.

Quoi qu'il en soit au point de vue fiscal, nous retenons simplement que la Cour de cassation considère aujourd'hui le cessionnaire d'un cohéritier, resté adjudicataire sur licitation de l'immeuble indivis, comme un véritable cohéritier et nous adoptons sa solution, en disant que les droits réels consentis par les cohéritiers sur l'immeuble, pendant l'indivision, ne seront pas opposables à cet adjudicataire et que, par suite, la transcription sera inutile ici.

Mais, à part cette hypothèse toute spéciale, nous maintenons que toutes les fois que l'adjudicataire sur licitation est un tiers, le jugement d'adjudication doit être transcrit (1).

(1) En ce sens : DEMOLOMBE, t. XVII, n° 289.

§ IV. — Jugement d'adjudication sur délaissement au profit d'un autre que le délaissant.

Le délaissement est la faculté laissée au tiers détenteur, qui n'est pas personnellement tenu de la dette, d'abandonner l'immeuble hypothéqué afin de se soustraire aux poursuites des créanciers hypothécaires. Il faut supposer que le montant des créances inscrites est de beaucoup supérieur au prix d'achat de l'immeuble et que l'acquéreur trouve trop onéreux pour lui de combler la différence. Au lieu de laisser commencer contre lui la procédure d'expropriation, il déclare abandonner l'immeuble afin de permettre aux créanciers de le revendre et d'en tirer un prix plus élevé. En agissant ainsi, il échappera au discrédit qui frappe toujours les personnes subissant une poursuite en expropriation, et de plus il se déchargera de tous les soins à donner à l'immeuble, puisque l'article 2174 C. civ. prévoit la nomination d'un curateur qui se a seul chargé de l'administration de cet immeuble et contre lequel sera dirigée la procédure en expropriation.

A la suite du délaissement, nous avons dit que l'immeuble était revendu aux enchères publiques, le jugement d'adjudication qui intervient alors doit-il être transcrit, conformément à l'article 1er, n° 4, de la loi de 1855?

Nous devons distinguer : si le délaissant reste adjudicataire, nous démontrerons plus loin qu'il n'y a pas

transfert de propriété, que le jugement est simplement
confirmatif et que, par suite, la transcription est inutile.

Si, au contraire, l'adjudicataire est un tiers, l'immeuble change de mains : il y a transfert de propriété ;
et le jugement étant translatif, doit être transcrit.

D'ailleurs aucune contestation ne s'élève sur ce point.
Mais nous rencontrons les plus grandes contradictions si
nous nous demandons de qui l'adjudicataire tient ses droits
sur l'immeuble, de l'aliénateur originaire ou de l'acquéreur évincé. La question a un grand intérêt, car si nous
admettons que l'adjudicataire tient ses droits de l'acquéreur nous devrons dire que les ayants-cause de ce
dernier pourront se prévaloir du défaut de transcription
contre l'adjudicataire.

Si, au contraire, nous admettons qu'il les tient du
premier aliénateur, nous devrons dire que l'acquéreur
est réputé n'avoir jamais été propriétaire et que toutes
les hypothèques et les autres droits réels consentis par
lui sur l'immeuble sont nuls et ne peuvent être opposés
à l'adjudicataire.

Or il est difficile de répondre sûrement à cette question car nous trouvons partout, aussi bien dans les
textes de la loi que dans les auteurs anciens et modernes, une antinomie qui ne peut que nous faire hésiter
dans la solution à donner.

En effet, l'article 2177, C. civ., siège de la question,
nous dit, d'une part : « Les servitudes et droits réels que

le tiers détenteur avait sur l'immeuble avant sa possession, renaissent après le délaissement ou après l'adjudication faite sur lui. » C'est donc admettre que le droit de l'acquéreur est résolu par l'adjudication et que la résolution est rétroactive, en ce sens que l'acquéreur est réputé n'avoir jamais été propriétaire et que la propriété est censée transmise directement de l'aliénateur primitif à l'adjudicataire. S'il en était autrement, si l'on admettait, ne fut-ce qu'un instant, l'existence du droit de propriété de l'acquéreur, les servitudes qu'il avait auparavant sur l'immeuble et qui ont été éteintes par confusion, ne pourraient pas renaître par le seul effet de l'adjudication sur délaissement.

Mais, d'autre part, l'article 2177, C. civ., nous dit : « Ses créanciers personnels, après tous ceux qui sont inscrits sur les précédents propriétaires, exercent leur hypothèque à leur rang, sur le bien délaissé ou adjugé. » C'est dire ainsi que le droit de l'acquéreur n'est pas résolu, car la résolution entraînerait la nullité de toutes les hypothèques consenties par lui et rendrait impossible le concours de ses créanciers à la distribution du prix d'adjudication.

Nous relevons ainsi la contradiction la plus absolue entre les deux parties de cet article, puisque dans l'une l'adjudicataire est l'ayant-cause du premier aliénateur et dans l'autre il est l'ayant-cause de l'acquéreur. Comment l'expliquer ?

Les auteurs anciens ne nous donnent aucun éclaircissement. Loyseau, dont les rédacteurs du Code ont reproduit à peu près fidèlement la théorie, présente la même contradiction dans son traité sur le déguerpissement et le délaissement par hypothèque. Après nous avoir dit : « Pour ce qui est de l'effet principal du délaissement, il faut prendre garde que celuy qui délaisse l'héritage pour les hypothèques, ne quitte pas absolument la propriété et la possession d'iceluy, mais seulement il en quitte la nue-détention et occupation » (1). Et plus loin : « Donc s'ensuit que le délaissement par hypothèque a même effet que la cession de biens, après laquelle le concessionnaire ne perd point la propriété de ses biens, jusques à ce qu'ils ayent esté actuellement vendus, et partant toutes fois et quantes qu'il se veut départir de la cession, il les peut reprendre, supposé qu'ils ne soient encore vendus, et après qu'ils sont vendus c'est à lui le reste du prix d'iceux après ses dettes payées (2). » Puis : « Aussi celuy qui a fait le délaissement par hypothèque est toujours sur ses pieds jusques à l'adjudication du décret pour reprendre ses biens, en payant les dettes exigibles. (3) » Il s'exprime, d'autre part, ainsi : « Si l'héritage est augmenté de prix ou que l'acquéreur en ait eu bon marché, et qu'après le délaissement il soit vendu davantage par décret, il retire, par forme de dommages-intérêts, le prix entier

(1) *Du déguerpissement et du délaissement par hypothèque.* Liv. vi, chap. vii, nº 1.
(2) *Op. cit.,* nº 3.
(3) *Op. cit.,* nº 4.

de l'adjudication, parce que, s'il n'eût point été évincé d'iceluy, il l'eût pu vendre tout autant. (1) »

Par conséquent après avoir posé en principe que le droit de l'acquéreur subsistai jusqu'à l'adjudication et passait de sa tête sur celle de l'adjudicataire, il semble dire qu'il est résolu rétroactivement. En effet, si la propriété n'était pas résolue dans le passé, le délaissant aurait droit au prix d'adjudication non pas en forme de dommages-intérêts, mais en qualité de vendeur.

Les auteurs modernes n'ont pas encore résolu la difficulté et l'on peut toujours se demander, après leurs explications, comment il se fait que, si le droit de l'acquéreur est maintenu, les servitudes qu'il avait sur l'immeuble avant d'acquérir revivent par l'effet de l'adjudication.

Les uns ont voulu trancher la difficulté en disant que ces servitudes n'ont jamais été éteintes, car la confusion n'est pas une cause d'extinction, mais seulement une impossibilité d'exécution, et que, par suite, l'acquéreur en reprend l'exercice dès que disparaît sa propriété qui y mettait obstacle.

Mais nous pensons, avec M. Mourlon (2), que la confusion produite par l'acquisition subit le sort de celle-ci ; qu'elle disparaît si l'acquisition est annulée ; mais qu'elle subsiste en cas contraire. Or ici la transmission de l'immeuble en des mains nouvelles n'entraîne

(1) Op. cit., n° 9.
(2) Transcript., t. , n° 80.

pas la révocation de la première acquisition ; elle n'empêche pas celle-ci d'avoir existé, et ne détruit pas ses effets. Par conséquent la confusion qui en est résultée reste entière ; les servitudes restent éteintes et ne peuvent revivre que si on suppose résolue l'acquisition qui les avait éteintes.

Nous ne pouvons pas admettre cependant que la loi ait voulu poser en principe que le droit de l'acquéreur serait résolu rétroactivement par l'adjudication, car elle aurait ainsi méconnu ses principes. En effet, tout aliénateur s'engage tacitement envers l'acquéreur à le garantir contre l'éviction, et l'inexécution de cette obligation donne à l'acquéreur le droit de demander la résolution du contrat s'il y a intérêt. Mais c'est là une pure faculté pour lui ; et il peut, s'il le préfère, maintenir le contrat. Or, dans l'espèce, l'acquéreur n'a pas intérêt à demander la résolution de la vente, car il perdrait ainsi le droit de réclamer, le cas échéant, l'excédent du prix d'adjudication sur le montant des créances, puisque ce droit est attaché à sa qualité de vendeur. Par conséquent, il est inadmissible que la loi ait voulu enlever à l'acquéreur le droit d'option qu'elle lui donne ailleurs et lui ait imposé la résolution de la vente.

Nous sommes ainsi conduits à dire, avec la majorité des auteurs, que c'est la deuxième partie de l'article 2177, C. civ. qui pose le principe de notre matière et que le droit de l'acquéreur n'est pas résolu par l'adjudication, mais est transmis par lui à l'adjudicataire.

Et si l'on nous objecte que le rétablissement des servitudes est incompatible avec le maintien de la propriété, nous répondrons que, sans doute, la loi a préféré l'équité à la subtilité du droit, selon l'expression de Mourlon (1). Si, en effet, on ne faisait pas revivre les servitudes, les créanciers hypothécaires du premier vendeur verraient leur gage augmenter, au détriment de l'acquéreur évincé, et ils s'enrichiraient à ses dépens, ce qui est contraire aux principes d'équité.

L'acquéreur reste donc propriétaire jusqu'à l'adjudication, et ses ayants-cause pourront opposer à l'adjudicataire le défaut de transcription du jugement. Dès lors, il importe à celui-ci de faire opérer cette formalité pour se mettre à l'abri de leurs prétentions (2).

§ V. — Jugement d'adjudication sur surenchère du dixième au profit d'un autre que le tiers détenteur.

Au lieu de délaisser, le tiers détenteur peut purger l'immeuble des hypothèques qui le grèvent et, dans ce but, il offre aux créanciers hypothécaires inscrits le montant du prix de vente ou la valeur présumée de cet immeuble. Mais les créanciers peuvent trouver son offre insuffisante et ils provoquent alors la surenchère du dixième. L'immeuble est revendu aux enchères publiques ; un jugement d'adjudication est prononcé.

---

(1) Transcript., t. i. n° 80.
(2) Consulter en ce sens : VERGIER, Transcript., t. i. p. 367. — TROPLONG, Hypoth., t. iii, n° 785 — AUBRY et RAU, t. iii, § 287, p. 447. — Cass. 14 nov. 1826. aff. Fouignet.

Nous donnerons ici la même solution que pour le délaissement : le jugement est confirmatif lorsque le tiers détenteur reste adjudicataire ; il est translatif lorsque l'adjudicataire est un tiers : et dans ce dernier cas, il doit être transcrit.

Mais nous retrouvons alors la même question qu'en cas de délaissement. Le droit du tiers détenteur est-il résolu rétroactivement par l'adjudication ; est-il, au contraire, maintenu et transmis directement à l'adjudicataire ? Et nous remarquons ici une division encore plus accentuée que dans le cas précédent en doctrine, comme en jurisprudence.

Dans un premier système on soutient que l'adjudication sur surenchère opère résolution avec effet rétroactif du contrat d'acquisition du tiers détenteur, en sorte que celui-ci est réputé n'avoir jamais été propriétaire.

C'est la théorie admise par la Cour de cassation dans de nombreux arrêts [1] et affirmée spécialement dans un arrêt du 15 décembre 1862 [2], affaire Renouard contre Babonneau, dans lequel il est dit : « Attendu qu'en formant une surenchère, comme ils en ont le droit, les créanciers, loin de reconnaître la propriété du tiers détenteur, s'attaquent directement au titre duquel elle dérive pour lui, et que leur action a pour but, et doit avoir pour résultat nécessaire de le faire tomber et de lui substituer un nouveau contrat qui fera passer sans

[1] 10 Avril 1848. D. 48. 1. 160. — 19 Avril 1865. D. 65. 1. 208.
[2] D. 1863. 1. 161.

intermédiaire la propriété des mains du débiteur entre
les mains de l'adjudicataire. — Attendu que le contrat
primitif étant résolu, le tiers détenteur évincé est réputé
n'avoir jamais été propriétaire de l'immeuble. » Et
encore, dans un arrêt du 13 Décembre 1887 (1), affaire
Dailloux contre la Société des Immeubles Lyonnais, où
nous lisons : « Attendu que l'adjudication sur surenchère a pour effet de résoudre le contrat antérieur de
vente volontaire, de faire évanouir la propriété du tiers
détenteur et de faire succéder directement et sans intermédiaire l'adjudicataire au débiteur hypothécaire. »

Cette théorie est aussi défendue par quelques auteurs,
comme Grenier (2), Troplong (3), Petit (4), Championnière et Rigaud (5).

Leur principal argument est tiré de l'article 2188,
C. civ. qui dispose : « L'adjudicataire est tenu, au delà
du prix de son adjudication, de restituer à l'acquéreur
ou au donataire dépossédé les frais et loyaux coûts de
son contrat, ceux de la transcription sur les registres
du conservateur, ceux de notification, et ceux faits par
lui pour parvenir à la revente. » Or, disent-ils, cette
restitution ne peut s'expliquer qu'autant que l'on admet
la résolution de l'acquisition primitive, car l'acquéreur
ne saurait alors supporter les frais d'une adjudication

(1) D. 1888. 1. 337.
(2) *Hypoth.*, t. II, n° 470.
(3) *Hypoth.*, t. IV, n° 962, p. 259.
(4) *Traité des surenchères*, p. 581 et s.
(5) *Dr. d'enreg.*, t. III, n° 2154.

qui ne lui profite pas : alors qu'au contraire ces frais seraient à sa charge s'il restait propriétaire, puisqu'il profiterait de l'acquisition.

Et, quand on leur objecte qu'il en est autrement en matière d'expropriation forcée et de délaissement, ils répondent en établissant une différence entre le tiers détenteur qui délaisse ou qui subit les poursuites en expropriation et celui qui purge. Ils prétendent que les premiers se sont comportés en propriétaires dont le droit est définitif, puisqu'ils ont attendu les poursuites des créanciers hypothécaires et qu'ils ont ainsi « affirmé l'existence de leur titre de propriété et son caractère pur et simple ». Les créanciers, disent-ils, reconnaissent eux-mêmes la propriété du tiers détenteur, puisqu'en exerçant contre lui la procédure d'expropriation, ils manifestent leur intention de s'attaquer à sa qualité de détenteur et non à son titre d'acquisition. Au contraire, l'acquéreur qui purge ne se considère pas comme propriétaire, son titre n'est pas définitif et, en faisant des offres aux créanciers hypothécaires, il « soumet ce titre à leur ratification ». La surenchère, qui suit le refus des créanciers d'accepter les offres, n'est alors qu'une « protestation contre le contrat et n'a pour but que de faire tomber le titre du tiers détenteur ».

Mais les arguments donnés à l'appui de cette opinion ne nous satisfont point et nous préférons un autre système, qui soutient que l'adjudication n'opère que la dépossession de l'acquéreur, en sorte qu'il est réputé avoir été propriétaire de l'immeuble depuis son acquisition, jusqu'au moment de l'adjudication.

Les partisans de ce système déclarent tout d'abord que la résolution rétroactive du droit de l'acquéreur suppose l'existence d'une condition résolutoire. Or, le seul fait qu'un immeuble est grevé d'hypothèques n'est pas une cause de résolution, il faut qu'une condition résolutoire soit insérée dans le contrat, par les parties, ou soit admise par la loi. Et ce n'est pas le cas ici, puisque d'une part, le contrat d'acquisition n'est jamais soumis à cette condition et que, d'autre part, la loi ne prévoit qu'une seule clause résolutoire tacite, celle qui existe en cas d'inexecution du contrat par une des parties. Et encore la résolution doit elle alors être demandée par la partie qui souffre de l'inexécution, l'acquéreur dans notre espèce, et nous savons qu'il ne la demande jamais afin de profiter de l'excédent du prix d'adjudication.

On ne peut pas dire, d'ailleurs, que l'exercice de l'action hypothécaire par les créanciers soit une cause de résolution, car ceux-ci n'ont aucun intérêt à ce qu'elle se produise : ils conservent leur droit hypothécaire, ils peuvent suivre l'immeuble entre les mains de tout détenteur et, dès lors, la résolution est sans objet pour eux.

De plus il est facile de répondre aux arguments fournis par les partisans du premier système. Et d'abord il nous semble qu'ils interprètent mal l'article 2188, C. civ.

Cet article n'a pas pour but de donner à l'acquéreur
dépossédé un recours pour se faire restituer les frais
qu'il a déboursés, mais simplement de mettre ces frais
à la charge de l'adjudicataire. En principe tout acheteur évincé a un recours en garantie contre le vendeur,
le tiers surenchéri n'est pas excepté de la règle et on
lui donne sans conteste un recours contre l'aliénateur,
bien qu'il ne soit pas compris dans l'énumération de
l'article 2178, C. civ. L'étendue de son recours est fixée
par l'article 1630 qui lui permet de se faire restituer
tous les frais et loyaux coûts du contrat, c'est-à-dire
exactement les mêmes sommes que celles indiquées
dans l'article 2188. Or pourquoi la loi enlève-t-elle ainsi
au tiers détenteur surenchéri l'exercice de son recours
contre l'aliénateur ? C'est, en premier lieu, parce que
l'article 1593, C. civ., met tous les frais d'actes et autres
accessoires de la vente à la charge de l'acquéreur ; or
les frais prévus par l'article 2188 ne sont, en somme,
que les frais de purge et, l'adjudicataire devenant propriétaire à la suite de la purge, doit seul supporter ces
frais (1).

C'est ensuite parce que, le vendeur étant insolvable, le
recours de l'acquéreur serait illusoire et ce dernier cour-
rait le risque de perdre les sommes qu'il a déboursées
lors de son acquisition. (2)

Enfin, dit M. Labbé (3) « grâce au contrat fait, trans-

(1) En ce sens : FLANDIN, Transcript., t. I, n° 574.
(2) VERNET. Rev. prat., 1865, t. XX. p. 157.
(3) Note sous Cass.. 15 déc. 1862. Journal du Palais. 1864. p. 471.

crit, notifié et suivi de surenchère, les créanciers hypothécaires sont arrivés à la réalisation de leur gage, à
la conversion en argent du bien qui leur était hypothéqué ; ils ont été dispensés des frais de la saisie et
d'autres formalités qui rendent la procédure d'expropriation plus coûteuse que la procédure de vente sur
surenchère du dixième, il n'est donc pas injuste que les
créanciers hypothécaires supportent les frais qui leur
ont amené un résultat profitable et qui leur ont épar-
gné à eux-mêmes des dépenses. Or, décider que l'adjudicataire paiera ces frais en sus de son prix, c'est en
faire retomber indirectement la charge sur les créanciers hypothécaires, les enchérisseurs devant élever
d'autant moins leurs offres qu'ils sauront avoir à payer
une plus forte somme de frais antérieurs.»

Quant à la distinction que l'on veut établir entre les
tiers détenteurs qui délaissent ou qui subissent les
poursuites en expropriation et ceux qui purgent, nous
pensons qu'elle n'a aucune raison d'être. D'abord, parce
qu'elle est en contradiction avec les textes qui appellent
« tiers » tantôt les acquéreurs qui délaissent ou subissent l'expropriation — article 2178 —; tantôt ceux qui
purgent — article 2179 —. Et puis, parce qu'elle n'est
pas logique. « Comment admettre qu'une simple différence dans la forme de procédure, dit M. Labbé, ait
tant d'influence, introduise tant de différence dans le
fond des choses ! Qu'est-ce, après tout, que la surenchère du dixième et l'adjudication qui en est la suite, si

ce n'est un mode d'exercice de l'hypothèque ? au fond
saisie ou surenchère, c'est à la conversion en argent de
la chose hypothéquée que les deux procédures tendent ;
la purge prévient la saisie par une offre ; le refus de
l'offre aboutit, comme la saisie, à une vente publique
aux enchères. Comment expliquer que le droit d'hypothèque, en s'exerçant d'une manière ou d'une autre, produise des effets si différents sur la propriété du
détenteur ? » (1)

Nos adversaires nous disent que la surenchère est une
protestation contre le contrat que les créanciers se
refusent à ractifier et qu'elle a pour but de faire tomber
le titre du tiers détenteur. Mais nous refusons absolument aux créanciers hypothécaires le droit de protester
contre une aliénation légitime. Et d'ailleurs, ce n'est
pas contre le titre de l'acquéreur que les créanciers
protestent, mais bien contre la somme qui leur est
offerte et qu'ils jugent insuffisante.

Et dans bien des cas, la surenchère ne saurait être
regardée comme une protestation : ainsi dans les cas de
legs, donation ou échange, où le titre d'acquisition ne
contient aucun prix. C'est alors l'acquéreur qui fixe lui-
même la somme qu'il offre aux créanciers ; et lorsque
ceux-ci refusent, on ne peut pas dire qu'ils refusent de
ratifier le titre de l'acquéreur, puisque ce titre ne les
intéresse en rien ; en réalité ils protestent contre l'insuf-

(1) *Loc. cit.*, p. 470.

fisance de la somme offerte. « Et cette hypothèse, dit M. Labbé, met en saillie ce qui est également vrai dans tous les cas, c'est que les créanciers se préoccupent, non pas d'une mutation de propriété, qui ne les touche en rien, mais uniquement de la fixation de la somme qui leur sera distribuée moyennant l'extinction totale de leurs hypothèques. » (1)

Nous concluons donc, comme au cas de délaissement, en disant que l'acquéreur surenchéri reste propriétaire jusqu'à l'adjudication sur surenchère et que, par suite, l'adjudicataire a intérêt à transcrire le jugement d'adjudication, pour se mettre à couvert contre les prétentions de ses ayants-cause (2).

§ VI. -- Jugement d'adjudication sur surenchère du sixième.

Dans le but de permettre aux créanciers d'obtenir de l'immeuble le prix le plus élevé possible, la loi a établi la surenchère du sixième. Elle autorise toute personne capable de se porter adjudicataire à provoquer la revente aux enchères publiques de l'immeuble dans un délai de huit jours après la première adjudication. L'immeuble est revendu sur une mise à prix égale au prix de la première adjudication augmenté du sixième. Le jugement d'adjudication doit-il être transcrit ?

(1) *Loc. cit.*
(2) Consulter en ce sens : note sous Cass. 13 déc. 1887, D. 88. 1. 337. — AUBRY et RAU, t. III, p 534. — Pont. Priv. et hypoth.. t. II, n° 1395.

Écartons tout d'abord la distinction que l'on a voulu faire, comme en cas de folle enchère, selon que le premier jugement d'adjudication a été ou non transcrit. Cette distinction a sa raison d'être en cas de folle enchère, comme nous le verrons plus loin, mais ici elle ne se conçoit pas. En effet, la surenchère du sixième ne peut être provoquée, au plus tard, que huit jours après la première adjudication. Or, à ce moment, il est impossible que le premier jugement ait été expédié, signifié et transcrit et, par conséquent, nous devons toujours admettre que l'adjudication sur surenchère se produit alors qu'aucune transcription précédente n'a été opérée.

Et dès lors nous ne rencontrons plus de difficulté, le jugement d'adjudication opère transfert de propriété au profit de l'enchérisseur, il doit être transcrit.

Il en sera ainsi même si l'adjudicataire est le précédent acquéreur. Ici, nous devons d'abord nous demander si, comme au cas de surenchère du dixième, celui-ci reste propriétaire jusqu'au jour de la deuxième adjudication. Nous ne le pensons pas.

L'adjudicataire n'a acquis l'immeuble que sous la condition que la surenchère n'aurait pas lieu dans les huit jours qui suivent l'adjudication. Cette condition est suspensive et, si elle vient à défaillir, la vente est censée n'avoir jamais existé et l'acquéreur est réputé n'avoir jamais été propriétaire. Il ne peut pas dire, en effet, qu'il était certain de conserver l'immeuble acquis par lui, car il n'avait aucun moyen de s'opposer à la surenchère autorisée d'une façon aussi large que possible ; il était prévenu et savait que son droit de propriété était soumis à cette condition. La surenchère se produisant, son droit n'a pas pu prendre naissance.

Par conséquent, s'il reste adjudicataire après surenchère, il acquiert la propriété qu'il n'avait pu acquérir précédemment et il doit procéder à la transcription du jugement d'adjudication, d'autant plus que nous avons admis qu'il n'avait pas eu le temps matériel d'y procéder après la première adjudication. Tout se passe en somme comme s'il acquérait l'immeuble pour la première fois.

§ VII. — Jugement d'adjudication sur saisie immobilière.

Une difficulté spéciale s'est élevée pour les jugements d'adjudication sur saisie immobilière. Ils semblent, par leur nature même, rentrer dans les termes du n° 4 de l'article 1er de la loi de 1855 et être soumis par conséquent à la transcription.

Cependant il faut observer que le Code de procédure civile édicte une large publicité pour la saisie immobilière : Le procès-verbal de saisie doit être enregistré et dénoncé au saisi. Puis, aux termes de l'article 678, « la saisie immobilière et l'exploit de dénonciation seront transcrits, au plus tard dans les quinze jours qui suivront celui de la dénonciation, sur le registre à ce destiné au bureau des hypothèques de la situation des biens, pour la partie des objets saisis qui se trouvent dans l'arrondissement. »

« A partir du jour de cette transcription (art. 686) la partie saisie ne peut plus aliéner les immeubles saisis, à peine de nullité, et sans qu'il soit besoin de la faire prononcer. » Enfin, d'après l'article 716, « mention sommaire du jugement d'adjudication sera faite en marge de la transcription de la saisie à la diligence de l'adjudicataire. »

Or, la transcription n'étant en somme qu'une formalité destinée à porter à la connaissance des tiers l'accomplissement d'actes translatifs de propriété qu'ils auraient pu ignorer sans elle, certains auteurs ont soutenu qu'elle était inutile pour les jugements d'adjudication sur saisie immobilière, puisque les tiers ont été tenus suffisamment au courant de la procédure d'expropriation par la transcription de la saisie et par la mention, en marge de cette transcription, du jugement d'adjudication. De plus, disent-ils, en raison de la disposition de l'article 686, la transcription n'est pas nécessaire à l'adjudicataire pour lui assurer la conservation de son droit de propriété sur l'immeuble qu'il a acquis. « Quant aux adjudications sur saisie immobilière, dit M. Lemarcis [1], il nous semble que le droit de l'adjudicataire ne saurait avoir rien à craindre (du défaut de transcription) car le saisi, qui, dès la transcription de la saisie, a perdu le

LEMARCIS, *Explic. de la loi de 1855.* p. 24.

droit d'aliéner, au détriment des créanciers inscrits et du
saisissant, ne recouvrera pas ce droit, sans doute,
après l'adjudication. Le résultat contraire serait par
trop bizarre et certes l'intention de la loi n'a pas été de
le consacrer. »

Nous ne pouvons pas admettre la thèse soutenue par
M. Lemarcis. Nous pensons que, depuis la loi de 1855,
l'adjudicataire est tenu d'opérer la transcription du
jugement d'adjudication et que la transcription de la
saisie, suivie de la mention en marge du jugement
d'adjudication, ne saurait le dispenser de cette formalité.

En effet l'article 1er, n° 4, de la loi est formel ; il porte :
seront transcrits.. *tout jugement* d'adjudication..., il ne
formule aucune exception pour les jugements d'adjudication sur saisie immobilière et l'on ne peut qu'observer à la lettre sa prescription.

D'ailleurs, s'il est vrai que les tiers ont été prévenus
par les formalités spéciales prescrites par le Code de
procédure civile de l'expropriation subie par le saisi
et de l'aliénation qui l'a suivie, il ne s'en suit pas du
tout que la publicité attachée à la saisie immobilière
puisse remplacer la transcription établie par la loi
de 1855. En effet la transcription consiste dans la copie
intégrale de l'acte translatif de propriété sur des registres spéciaux déposés au bureau des hypothèques de l'arrondissement où sont situés es immeubles aliénés. Ces
registres, contenant toutes les mutations dont peuvent

être l'objet les immeubles susceptibles d'hypothèque, constituent, a-t-on dit, un tableau fidèle de l'état civil de la propriété. Il importe donc que toutes les mutations y soient consignées afin de ne pas induire les tiers en erreur. Lorsqu'ils veulent se renseigner sur les mutations immobilières, ils consultent naturellement les registres qui leur sont affectés, et peuvent ne pas songer à ouvrir les registres des saisies immobilières. Le jugement d'adjudication n'étant pas mentionné sur les premiers, ils pourraient ignorer l'expropriation subie par le saisi et traiter avec lui en s'exposant à une éviction. Au contraire la transcription du jugement d'adjudication sur les registres de mutation évite ces erreurs.

Et Mourlon dit très justement : « A chaque acte sa place, les privilèges et les hypothèques sur le registre qui leur est propre ; les saisies sur le registre spécial qui leur est affecté ; aux adjudications, et plus généralement aux actes qui déplacent la propriété, le registre des mutations. L'ordre, la facilité des recherches, l'établissement exact de la propriété et, par suite, la sécurité des tiers, sont à ce prix. » (1)

Par conséquent bien que la transcription n'ait pas ici la même utilité que pour les aliénations ordinaires, elle n'est pas une vaine formalité, la loi la prescrivant pour éviter des lacunes laissées dans les registres de mutation.

(1) MOURLON, *Transcript.*, n° 79.

La transcription des jugements d'adjudication est donc plus utile aux tiers que la simple mention en marge de la transcription de la saisie, mais elle a une importance bien plus grande à l'égard de l'adjudicataire. S'il s'en tenait aux dispositions du Code de procédure civile, il serait insuffisamment protégé contre les aliénations ou constitutions de droits réels faites par le saisi après la transcription de la saisie, et ne le serait pas du tout contre celles faites auparavant. Nous sommes obligés ici d'étudier avec quelques détails les effets de la transcription.

1° La transcription est nécessaire pour enlever au saisi le droit d'hypothéquer.

D'après l'article 686 du Code de procédure civile, le débiteur ne peut plus aliéner les immeubles saisis à partir du jour où la transcription de la saisie a été opérée. De ce que le saisi ne peut plus aliéner, quelques auteurs ont voulu déduire qu'il était aussi incapable de consentir une hypothèque sur les biens saisis. Ils tirent argument de l'article 2124 du Code civil qui ne donne le droit d'hypothéquer qu'à ceux qui ont la capacité d'aliéner. Or, disent-ils, c'est dans ce sens qu'on doit prendre le mot *aliéner* de l'article 686 ; autrement il dépendrait d'un débiteur de mauvaise foi qui verrait ses immeubles saisis, de frauder et de frustrer la plupart de ses créanciers chirographaires par des hypothèques consenties depuis la dénonciation de la saisie (1).

(1) Carré sur Chauveau, t. v, page 603.

Mais cette opinion rencontre de nombreux adversaires. M. Persil, dans son rapport à la Chambre des Pairs, en avait clairement démontré les erreurs, lorsqu'il disait qu'en s'appuyant sur l'article 2124 pour enlever au saisi le droit d'hypothéquer, « c'était détourner cet article du sens que ses rédacteurs avaient voulu lui donner. Ils n'entendaient s'adresser qu'à l'incapacité *personnelle*, et en ce cas, ils avaient raison de dire que celui qui était personnellement incapable d'aliéner ne pouvait pas hypothéquer ses immeubles. » (1).

Après lui tous les auteurs qui ont commenté l'article 686 du Code de procédure civile reconnaissent que, malgré la saisie, le débiteur doit conserver le droit d'hypothéquer parce que la saisie ne détruit pas le droit de propriété de ce débiteur, mais y apporte seulement quelques modifications.

C'est à cette seconde opinion que nous nous rallions. En effet, quel est le but de l'article 686 ? Le législateur a voulu enlever au débiteur la possibilité de réduire à néant la saisie pratiquée contre lui par un créancier en aliénant l'immeuble saisi. Il est vrai que cette vente n'aurait pas rendu tout recours du créancier impossible, et qu'il aurait pu valablement pratiquer une nouvelle saisie contre l'acquéreur. Mais celui-ci pouvait agir de même que le débiteur; aliéner l'immeuble, et ainsi de suite; en sorte que le créancier aurait vu la procédure d'expropriation singulièrement embrouillée et allongée

(1) Rapport Persil. p. 28. — *Moniteur* du 7 janvier 1841.

et aurait perdu tout espoir d'obtenir paiement de sa
créance.

Au contraire l'hypothèque ne produit aucun de ces
embarras : elle laisse intacte la procédure d'expropriation commencée; elle ne nuit en rien aux créanciers hypothécaires puisque le dernier venu ne sera
colloqué qu'à son rang, c'est-à-dire après tous les autres
et que ceux-ci conservent toujours leur droit de préférence. Quant aux créanciers chirographaires, ils ne
peuvent pas se plaindre puisque le débiteur avait gardé
à leur égard la faculté de modifier à son gré son patrimoine.

Dès lors l'hypothèque ne causant aucun préjudice aux
intéressés, il n'y a pas de raison pour interdire au
débiteur saisi d'en constituer après la transcription de
la saisie (1).

Mais dans ce cas quelle est la formalité que doit
accomplir l'adjudicataire pour enlever au saisi le droit
d'hypothéquer et se mettre complètement à couvert ?
Est-ce la mention en marge du jugement d'adjudication
ou sa transcription ?

Sous l'empire du Code civ et du Code de procédure
civile l'adjudicataire devenait propriétaire par le seul
fait de l'adjudication ; à partir de ce moment la propriété était retirée au saisi, il ne pouvait plus disposer
de l'immeuble, ni le grever d'hypothèques ; il n'avait

---

(1) Consulter en ce sens : GRENIER, t. I, n° 111 ; — PERSIL. *Op
cit.* : — PIGEAU. *Procéd.*, t. II, p. 219 ; — TROPLONG. *Priv. et
hypoth..* t. II. n° 413 *bis* ; — DELAPORTE, t. II. p. 299.

plus de droits sur lui. Sans doute l'article 716 du Code de procédure exigeait la mention en marge du jugement d'adjudication, mais cette formalité était exigée non pas dans l'intérêt de l'adjudicataire, mais dans celui des tiers qui étaient ainsi prévenus de la mutation subie par l'immeuble et mis en garde contre le débiteur.

Mais depuis la loi de 1855 il n'en est plus de même, l'adjudication ne déplace la propriété qu'entre les parties. A l'égard des tiers l'adjudicataire ne devient propriétaire qu'après la transcription du jugement d'adjudication. Il suit de là que jusqu'à ce moment le débiteur peut valablement consentir des hypothèques sur l'immeuble saisi, mais qu'il perd ce droit dès que la formalité a été remplie. Par conséquent la mention en marge du jugement d'adjudication serait insuffisante pour protéger l'adjudicataire car elle n'a pas eu pour effet de déplacer la propriété et d'enlever au saisi la capacité d'hypothéquer.

Il faut donc reconnaître avec la majorité des auteurs que la transcription du jugement d'adjudication seule aura pour effet de mettre l'adjudicataire à couvert contre les hypothèques consenties par le saisi ; et par suite nous pouvons dire que la mention en marge de ce jugement n'a plus de raison d'être aujourd'hui et que l'article 716 du Code de procédure est implicitement abrogé par la loi de 1855 (1).

(1) VERDIER. *Transcript.*, t. I, n° 214.
MOURLON. *Transcript.*, n° 79.
FLANDIN. *Transcript.* t. I, n° 577.

2° La transcription est nécessaire pour mettre l'adjudicataire à l'abri des aliénations consenties par le saisi AVANT la transcription de la saisie.

Nous avons vu que l'article 386 du Code de procédure civile enlève au débiteur le droit d'aliéner l'immeuble saisi à partir de la transcription de la saisie, c'est ainsi lui reconnaître implicitement la faculté d'aliéner jusqu'au jour de cette transcription.

Mais d'autre part, la loi de 1855, dans son article 3, pose en principe que le transfert de propriété ne peut être opposé aux tiers qui ont des droits sur l'immeuble et qui les ont conservés en se conformant aux lois, qu'après la transcription de l'acte d'aliénation.

Dès lors, doit-on considérer les créanciers saisissants qui ont fait transcrire la saisie comme des *tiers* aux termes de la loi de 1855, par la raison qu'ils ont un droit réel sur l'immeuble saisi et que la transcription de la saisie est la formalité conservatoire de ce droit, prescrite par l'article 3 de cette loi ? Et dans ce cas, faut-il dire que les aliénations consenties par le débiteur avant la saisie, ne pourront leur être opposées qu'autant qu'elles auront été transcrites avant la transcription de la saisie ? Ou bien au contraire doit-on leur refuser la qualité de *tiers* en disant que la transcription de la saisie ne leur confère aucun droit sur l'immeuble ? Et dans ce cas doit-on dire qu'il ne faut tenir compte que de la *date* de la vente consentie par le saisi et non de sa transcription, pour apprécier sa validité ; et que, par suite, cette vente pourra être opposée aux créanciers toutes les fois qu'elle sera antérieure à la saisie, et alors même qu'elle ne serait transcrite qu'après la transcription de la saisie ?

La question est très controversée en doctrine comme en jurisprudence.

Dans une première opinion on considère tous les créanciers saisissants, sans distinction entre les créanciers chirographaires ou hypothécaires, comme des tiers aux termes de l'article 3 de la loi de 1855. La transcription de la saisie les investit d'un droit *réel* nouveau qui leur donne cette qualité, en sorte que le créancier chirographaire, qui n'est pas un tiers comme tel, le devient comme saisissant. C'est ainsi que M. Bertauld, professeur à la Faculté de Droit de Caen, dit : « Le créancier chirographaire, dont la saisie a été transcrite, devient un tiers ; il acquiert, à son profit et au profit de tous les créanciers inscrits, le droit de poursuivre la conversion en deniers du gage commun. Il obtient la *garantie réelle* que le prix de l'immeuble sera affecté au paiement des dettes du saisi. » (1) Dès lors entre l'acheteur et les créanciers saisissants la préférence doit être donnée à celui qui a le premier transcrit, et par suite aucune aliénation ne peut être opposée à ces derniers, alors même qu'elle est antérieure à la saisie, si elle n'est transcrite qu'après la transcription de la saisie.

(1) D. 1858. 2. 162. Note.

On argumente de l'article 686 C. proc. et l'on dit que si cet article déclare nulles les aliénations faites par le saisi après la transcription de la saisie, c'est parce que le créancier saisissant a acquis sur les immeubles saisis un droit réel *sui generis* qui lui assure la conservation de son gage.

L'opinion de M. Bertauld admise par la cour de Paris dans un arrêt du 9 février 1877 (1), n'a plus de défenseurs aujourd'hui.

Sans doute on reconnaît au créancier saisissant certains droits sur l'immeuble saisi, mais on ne lui donne pas cependant un droit réel. En effet si l'article 686 C. pr. frappe de nullité les aliénations postérieures à la transcription de la saisie, ce n'est pas parce que le créancier saisissant a acquis un droit réel sur les immeubles saisis, mais simplement parce que ces immeubles ont été placés par la saisie sous la main de la justice dans le but de protéger le créancier. Le débiteur est ainsi dessaisi d'une partie de ses droits, le créancier en acquiert de plus étendus, mais il ne faut cependant pas aller jusqu'à lui reconnaître un droit réel nouveau.

Si on admettait cette hypothèse, il faudrait accorder à la transcription, simple formalité de publicité, une puissance que le législateur n'a jamais songé à lui donner. Si l'on peut reconnaître, en effet, à la transcription

(1) D. 77. 2. 74.

la faculté de conserver un droit réel déjà existant, il est impossible de lui donner la force suffisante pour changer un droit personnel en un droit réel. Et il en serait ainsi pour le créancier chirographaire.

Lorsqu'il a acquis une créance contre le saisi, il n'a exigé de lui aucune sûreté spéciale, il s'est contenté du gage général de l'article 2092 sur tous ses biens. Il a ainsi consenti par avance à tous les actes par lesquels son débiteur pourrait diminuer son patrimoine ; il lui a laissé la faculté d'aliéner, de s'obliger, de faire tous les actes d'administration qu'il juge convenables et il ne peut pas se plaindre si, dans la suite, il voit son gage amoindri par la vente d'un immeuble (1).

Nous pourrions même soutenir que les créanciers chirographaires loin d'avoir un droit réel à la suite de la transcription de la saisie, n'ont pu utilement pratiquer la saisie. En effet, si la vente de l'immeuble était déjà consentie, même non transcrite, elle était valable entre les parties et leur ayants cause. Or les créanciers chirographaires sont les ayants-cause du vendeur ; et par conséquent la vente était valable à leur égard. Il leur était donc impossible de pratiquer une saisie sur un immeuble qu'ils savaient sorti du patrimoine de leur débiteur. Troplong dit fort bien : « L'acheteur qui n'a pas transcrit est propriétaire incommutable à l'égard du créancier chirographaire du vendeur. Celui-ci ne peut

_____

(1) Voir en ce sens. VERDIER. *Transcript.* t. I, p. 507 et s.

alléguer le défaut de transcription pour faire du bien vendu son gage, ce bien a été aliéné en vertu de la liberté qu'il a laissée à son débiteur, il ne peut le saisir puisqu'il n'a pas de droit réel sur lui. » (1)

Si au contraire la vente a lieu après la saisie mais avant sa transcription, le résultat sera le même, car la vente sera parfaite immédiatement à l'égard des parties et de leurs ayants-cause et l'immeuble ne fera plus partie du patrimoine du débiteur, ni du gage des créanciers chirographaires.

Par conséquent nous concluons en disant que les créanciers chirographaires ne sauraient en aucun cas se prévaloir du défaut de transcription d'une vente consentie par leur débiteur, car la transcription de la saisie ne peut pas transformer un droit personnel en un droit réel. Et pour confirmer notre opinion nous n'avons qu'à citer les paroles de M. Debelleyme, rapporteur de la loi de 1855 au Corps législatif : « Par ces mots : aux tiers qui ont des droits sur l'immeuble, on a voulu écarter la prétention des créanciers chirographaires, qui auraient pu vouloir opposer le défaut de transcription. Ce droit leur est refusé par le projet de loi. »

Les créanciers chirographaires étant ainsi écartés, la discussion reste entière à propos des créanciers hypothécaires. De nombreux auteurs leur reconnaissent la

(1) TROPLONG, *Transcript.*, n° 146.

qualité de tiers et le droit d'opposer à l'acquéreur le
défaut de transcription de la vente. La jurisprudence
est à peu près unanime à accepter cette théorie qui est
admise dans un jugement du tribunal d'Altkirch du
18 mai 1858 (1) dans des arrêts de Caen, 1er mai 1858 (2),
Bordeaux, 3 mai 1888 (3), Bourges, 12 décembre 1887 (4),
et enfin dans deux arrêts de la Cour de cassation du
22 juillet 1877 (5) et du 18 décembre 1888 (6). Dans
toutes ces décisions nous relevons le même raisonne-
ment : le créancier hypothécaire saisissant est un tiers
dans le sens de la loi de 1855 parce qu'il a sur l'immeuble un droit réel, conservé, conformément à la loi, par
l'inscription de l'hypothèque et par la transcription de la
saisie. Or aux termes de l'article 3 de la loi de 1855, les
actes soumis à transcription ne sont opposables aux
tiers qu'en vertu et à partir de la transcription ; donc
l'aliénation de l'immeuble, eût-elle date certaine avant
la saisie, n'est pas opposable au créancier saisissant si
elle n'a été transcrite qu'après la transcription de la
saisie (7).

Malgré l'autorité qui est attachée aux décisions de la

(1) D. 58. 3. 61.
(2) D. 58. 2.161.
(3) D. 90. 2.4.
(4) D. 88. 2.298.
(5) D. 78. 1.49.
(6) D. 89. 1.185.
(7) En ce sens : MOURLON. *Revue prat. de dr. fr.*, t. I. p.472. —
HUGUET, *Ibid.*, t. IV., p.524. — GODOFFRE. *Journal des avoués de
1858*. art.3022. p. 346.

Cour suprême, nous ne croyons pas devoir adopter l'opinion qu'elle veut faire prévaloir. Il faudrait ainsi faire
une distinction entre les créanciers hypothécaires et
chirographaires. Lorsque le créancier saisissant serait
un créancier chirographaire, la vente consentie par
le saisi lui serait toujours opposable pourvu qu'elle ait
date certaine antérieure à la transcription de la saisie.
Lorsqu'au contraire le saisissant serait un créancier
hypothécaire, il aurait le droit, après la transcription de
la saisie, de se prévaloir du défaut de transcription de
la vente et de tenir celle-ci pour non avenue. Or nous
ne voulons faire aucune distinction entre les créanciers
et nous prétendons que la vente ayant date certaine,
consentie avant la transcription de la saisie, leur est
toujours opposable, qu'ils soient chirographaires ou
hypothécaires.

En effet, l'article 686, C. pr., ne fait aucune distinction entre les créanciers. La loi de 1855 a-t-elle apporté
une modification au principe établi par cet article ?
Nous ne le croyons pas. Elle a eu pour but de créer un
système spécial de publicité et de donner la préférence
à celui qui le premier aurait rempli les formalités qu'elle
imposait. Mais elle n'a pas eu pour but de faire de la
transcription une condition essentielle de la vente à
défaut de laquelle celle-ci devrait être annulée. Si la
transcription n'est pas opérée, la vente reste valable :
seulement elle ne peut pas être opposée aux tiers. Par
conséquent l'acquéreur qui le premier a fait transcrire

son titre repoussera un autre acquéreur même antérieur à lui, mais dont le titre n'est pas encore transcrit. De même le créancier hypothécaire qui a pris une
inscription avant la transcription de la vente sera préféré à l'acquéreur. Mais dans quel sens ? En ce sens
que la vente ne peut porter aucune atteinte au droit du
créancier hypothécaire : qu'il conservera intacts et son
droit de suite contre l'acquéreur et son droit de préférence contre les autres créanciers. Mais l'inscription de
son hypothèque ne saurait avoir pour effet de rendre
indisponible un immeuble entre les mains du débiteur;
et celui-ci garde toujours le droit de l'aliéner.

Or, la transcription de la saisie, faite par le créancier
hypothécaire, peut-elle modifier cet état de choses et
donner à ce créancier un droit réel, de la nature de
ceux prévus par l'article 3 de la loi de 1855? Sans
doute le créancier hypothécaire a un droit réel sur l'immeuble saisi ; mais nous avons vu qu'il tient ce droit
de son hypothèque et non de la saisie ; et la transcription de la saisie n'y ajoute rien ; elle n'a pour effet que
d'enlever au saisi la libre disposition de son immeuble.
Par conséquent si une vente a été consentie par le
débiteur avant la transcription de la saisie, elle est et
reste valable et le créancier hypothécaire ne peut invoquer le défaut de transcription par la raison qu'il n'y a
aucun intérêt, son droit hypothécaire ne subissant
aucune atteinte du fait de cette vente.

En résumé, nous disons que les créanciers saisis-

sants, sans distinction entre les créanciers hypothécaires ou chirographaires, ne sont pas des tiers aux termes de l'article 3 de la loi de 1855 et que par suite les
ventes consenties par le saisi leur sont opposables dès
lors qu'elles ont *date certaine* avant la transcription
de la saisie et alors même qu'elles ne seraient pas
transcrites (1).

Mais dans ce cas les ventes étant valables pourront
être opposées à l'adjudicataire et il courra le risque
d'être évincé. Le droit de l'acquéreur est absolu et
l'adjudication ne peut en rien le diminuer. L'adjudicataire n'a qu'un moyen de se mettre à couvert contre
l'éviction : c'est de faire transcrire rapidement le jugement d'adjudication. Si cette formalité est remplie
avant la transcription du titre de l'acquéreur, on lui
donnera la préférence sur ce dernier, en raison des
principes de la loi de 1855 ; et il n'aura plus rien à
craindre. Mais jusque là son droit de propriété sur l'immeuble est menacé, car on est en présence de deux
droits réels, ayant leur source, l'un dans une vente ;
l'autre dans une adjudication ; et entre les deux la prio-
rité sera marquée par la date de la transcription.

Consulter en ce sens : Dissertation de S. 58,2,449. — VERDIER.
Transcrip., t. 1, p. 511 et s. — MOURLON. *Transcript.*, t. II,
n° 481. — BIDARD. *Journal de Caen et Rouen*, 1858, p. 146 —
BEUDANT, note sous D. 78,1,49. — FLANDIN. *Transcript.*, t. II, n°
853. — AUBRY et RAU, t. II, § 209, p. 313. — Trib. de Dôle, 10 Mars
58, D. 58,3,61 — Angers, 1er décembre 58, D. 59, 2,31 — Limoges,
1er juin 65, D. 65. 2,181,.

3° La transcription est nécessaire à l'adjudicataire pour le mettre à l'abri des aliénations consenties par le saisi depuis la transcription de la saisie et avant le jugement d'adjudication rendues valables par la consignation permise par l'article 687 c. pr.

En principe l'adjudicataire n'a pas à souffrir des aliénations consenties par le saisi après la transcription de la saisie, car il est suffisamment protégé par l'article 686 C. pr. qui interdit formellement au débiteur de faire aucune aliénation à partir de cette transcription et frappe de nullité celles qu'il a pu faire malgré cette prohibition. Par conséquent il ne peut pas se voir opposer plus tard les aliénations consenties pendant cette période, puisqu'elles ne sont pas valables aux termes de la loi.

Mais il faut bien remarquer que la transcription de la saisie n'a pas pour effet d'enlever au saisi le droit d'aliéner ses immeubles. Il reste plein propriétaire après comme avant ; seulement, dans le but de sauvegarder le gage des créanciers, la loi lui retire momentanément l'*exercice* de son droit d'aliénation. Si bien que la vente consentie malgré la prohibition de l'article 686 C. pr. pourra devenir valable par la suite si les circonstances qui avaient fait suspendre le droit d'aliénation du débiteur viennent à disparaître. Et il en est ainsi lorsque les créanciers inscrits et saisissants ont été désintéressés ou sont assurés de l'être grâce à la consignation faite par l'acquéreur d'une somme suffisante pour atteindre ce but.

Nous venons ainsi d'analyser l'article 687 C. pr. qui

dispose : « Néanmoins l'aliénation ainsi faite aura son exécution si. avant le jour fixé pour l'adjudication, l'acquéreur consigne une somme suffisante pour acquitter en principal, intérêts et frais, ce qui est dû aux créanciers inscrits ainsi qu'au saisissant, et s'il leur signifie l'acte de consignation. »

Il est donc évident que le législateur n'a pas voulu prolonger outre mesure l'interdiction qui frappait le débiteur ; et que la cause de cette interdiction, c'est-à-dire la crainte pour les créanciers de perdre leur gage, venant à disparaître, il a jugé bon de rendre au débiteur l'exercice de son droit. De plus il a voulu sans doute éviter ainsi au débiteur le déshonneur qui est toujours attaché à la saisie immobilière.

Mais quel est donc le caractère de la consignation prescrite par l'article 687 C. pr. ? Doit-on la regarder comme le prix de vente de l'immeuble, ou bien comme le prix de la renonciation à la saisie, de la part des créanciers inscrits ou saisissants ? Si l'on admet la première hypothèse, il faudra décider que ce prix sera distribué entre tous les créanciers selon les règles ordinaires de la procédure d'ordre ; et par conséquent les créanciers privilégiés et les créanciers à hypothèque légale dispensée d'inscription devront être colloqués les premiers, par préférence à tous les créanciers inscrits et au saisissant. Si au contraire on admet la seconde hypothèse on devra réserver la somme consignée aux seuls créanciers inscrits et saisissants.

La question a été très débattue lors de la discussion de la loi de 1841 et en fin de compte, il a été admis que la consignation était le prix de la renonciation des créanciers saisissants, au bénéfice de la saisie. Dès lors, ces créanciers abandonnant leurs prétentions sur l'immeuble, l'acquéreur reste un acquéreur ordinaire, et par suite est tenu de purger les hypothèques légales et les privilèges que la consignation n'a pas fait disparaître, puisque leurs titulaires n'ont pas été compris dans la distribution des deniers. Il devra donc avoir recours à la procédure spéciale de la purge ; faire des offres à ces créanciers ; et dans le cas où ceux-ci ne les accepteraient pas, ils pourront provoquer la surenchère et se payer sur le prix d'adjudication. L'acquéreur court ainsi le risque de voir l'immeuble acheté par un autre ; mais surtout il s'expose à le payer un prix bien supérieur à sa valeur, puisqu'il doit désintéresser complètement les créanciers inscrits et les saisissants, alors même que ces derniers seraient de simples créanciers chirographaires, et qu'en outre il doit offrir aux créanciers privilégiés et à hypothèque légale la valeur exacte de cet immeuble.

Quoi qu'il en soit, la consignation étant considérée comme le prix de renonciation, on en déduit qu'après l'adjudication, la procédure d'expropriation étant terminée et les créanciers saisissants ne pouvant plus utilement renoncer à leurs poursuites, la consignation est impossible. C'est dire que cette consignation ne peut être faite que jusqu'au jour de l'adjudication conformément à l'article 687 C. pr.

Mais nous n'admettons pas ce te opinion et nous pensons que la loi de 1855 a modifié sur ce point l'article 687 C. pr. En effet, sous l'empire du Code civil la propriété était déplacée au jour de l'adjudication et par son seul effet. A partir de ce moment l'immeuble appartenait à l'adjudicataire ; et l'on conçoit très bien que la vente antérieure, nulle selon l'article 686 C. pr., ne pouvait plus être validée sans porter atteinte à des droits irrévocablement acquis. Au contraire, depuis la loi de 1855, la propriété n'est transférée que par le seul effet de la transcription. Jusque là, le saisi reste propriétaire et l'adjudicataire ne l'est pas encore. Par conséquent si la vente consentie antérieurement est validée, cela ne portera pas atteinte au droit de l'adjudicataire puisqu'il ne l'a pas encore acquis.

Quant à l'argument tiré de ce que la raison d'être de l'article 687 C. pr. n'existe plus, sans doute après l'adjudication la procédure de la saisie est terminée et les créanciers saisissants ne peuvent plus renoncer utilement à leurs poursuites, ni éviter au débiteur la honte de la saisie ; mais du moins la consignation aura pour effet de rendre au débiteur l'exercice de son droit de propriété que la transcription de la saisie lui avait enlevé momentanément et cette considération n'est pas à dédaigner.

On voit donc que l'adjudicataire a intérêt à transcrire

le jugement d'adjudication car jusqu'à ce moment il reste exposé à l'éviction provoquée par l'application de l'article 687 C. pr. Cette formalité remplie, il n'aura plus rien à craindre et sera désormais propriétaire incommutable.

4° La transcription est nécessaire à l'adjudicataire pour le protéger contre les aliénations postérieures à l'adjudication.

Lorsqu'au moment de l'adjudication aucune aliénation n'a été faite par le saisi, l'adjudicataire, certain de ne pas être évincé par un acquéreur antérieur, peut-il se dispenser de faire transcrire le jugement d'adjudication, par la raison que la transcription de la saisie et la mention en marge du jugement le protègent suffisamment contre les aliénations qui pourront être consenties désormais par le saisi ?

La question est très discutée.

Dans une opinion on soutient que dans aucun cas les aliénations postérieures à l'adjudication ne pourront être opposées à l'adjudicataire. En effet, dit-on, au moment de l'adjudication le saisi est encore sous le coup de l'article 686 C. pr., il est encore incapable d'aliéner les immeubles saisis et l'adjudication ne peut pas avoir pour effet de faire disparaître son incapacité. Il faudrait pour atteindre ce résultat un acte public indiquant clairement que la saisie est terminée et annulant ainsi les effets de la transcription de la saisie. Or l'adjudication n'indique pas, par elle-même, que la saisie est terminée ; il n'y a que la transcription du jugement d'adjudication qui donne cette indication. Par conséquent on est forcé de reconnaître que, jusqu'à l'accomplissement de cette formalité, le saisi reste frappé de l'incapacité d'aliéner ses immeubles et que les ventes qu'il pourra consentir durant cette période seront nulles de plein droit et ne pourront être opposées à l'adjudicataire.

D'ailleurs il serait étrange de faire produire cet effet à l'adjudication, car on ne concevrait pas comment le saisi, qui, pendant le cours de la procédure d'expropriation, alors qu'il est encore propriétaire, est privé de la faculté d'aliéner ses immeubles, recouvrerait cette faculté après l'adjudication, c'est-à-dire au moment où il cesse d'être propriétaire. (1)

Nous ne pouvons pas admettre cette théorie et nous répondons que d'abord l'argument précédent ne porte pas, par la raison que depuis la loi de 1855 le saisi ne cesse pas d'être propriétaire au jour de l'adjudication, et qu'il garde cette qualité jusqu'au jour de la transcription du jugement d'adjudication.

D'autre part, le but de l'article 686 C. pr. est de protéger les créanciers contre les aliénations qui pourraient diminuer leur gage. Dès lors à partir du moment où ces créanciers n'ont plus à redouter les aliénations consenties par le saisi, il n'y a plus de raison pour maintenir

(1) En ce sens : SELIGMAN et POST. *Sais.-immob.*, n° 57. RIVIÈRE et FRANÇOIS, n° 16, p. 21.

l'incapacité dont ce dernier est frappé. Or après l'adjudication les créanciers ont atteint leur but, ils ont fait vendre les immeubles saisis, ils ont ainsi réalisé leur gage ; et ils n'ont plus de droits que sur le prix de l'adjudication. A partir de ce moment leur rôle est terminé, ils doivent disparaître ; et il ne reste plus que l'adjudicataire en face du saisi.

Si on maintenait alors l'incapacité d'aliéner du saisi, ce serait uniquement en faveur de l'adjudicataire, et il est bien établi aujourd'hui que l'article 686 C. pr. n'existe qu'en faveur des seuls créanciers inscrits et saisissants (1).

Par conséquent nous disons qu'après l'adjudication le saisi recouvre son droit de propriété intact parce que la raison de l'établissement de son incapacité a disparu. Et dès lors si l'adjudicataire veut conserver son droit sur l'immeuble acquis par lui, il n'a qu'à exécuter les formalités ordinaires de la transcription. Il est en somme dans la situation d'un acquéreur ordinaire et il n'y a pas de raison pour le protéger davantage que celui-ci. « Du moment que la propriété de l'immeuble saisi et mis aux enchères a été transmise à l'adjudicataire, disent MM. Ollivier et Mourlon, l'intérêt des créanciers étant sauvegardé, c'est à lui qu'incombe la charge d'accomplir, sous sa responsabilité, les actes auxquels est subordonnée dans l'avenir la conservation de son droit. (2)

(1) Cass., 26 nov. 78. D. 79, 1, 302.
(2) OLLIVIER et MOURLON. Comment., n° 199.

Mais, ce principe admis, nous devons logiquement reconnaître que l'incapacité d'aliéner du saisi sera maintenue après l'adjudication et que les ventes qu'il consentira seront nulles toutes les fois qu'elles seraient de nature à causer préjudice aux créanciers, car alors la raison d'être de l'article 686, C. pr. reparaît.

Il en sera ainsi notamment lorsque la vente amiable passée par le saisi le sera pour un prix inférieur à celui de l'adjudication. Dans ce cas, les créanciers n'obtenant plus la somme sur laquelle ils comptaient seront en droit d'invoquer l'article 686, C. pr.

Ou bien encore lorsque l'adjudicataire, ayant versé entre les mains des créanciers le prix d'adjudication, peut exercer de ce fait un recours contre les créanciers, en cas d'éviction.

Ici une discussion s'était élevée sur le point de savoir quel était le recours dont pourrait user l'adjudicataire contre les créanciers. Certains auteurs, notamment Pigeau, avaient voulu lui donner le recours en garantie de l'article 1626, C. civ., parce qu'ils considéraient les créanciers comme de véritables vendeurs. Mais la majorité des auteurs se refuse à donner cette qualité aux créanciers ; et la jurisprudence adopte cette opinion (1). L'adjudicataire ne peut donc pas exercer contre les créanciers l'action en garantie, on est una-

---

(1) PERSIL. Questions, t. I, p. 241 — CHAUVEAU sur Carré, n° 2409. — TROPLONG, Vente, n° 432 et 498. — MARCADÉ, s. art. 1626, t. VI, p. 257. — Lyon, 15 déc. 1841, D. J. G. Vente, n° 835.

nime aujourd'hui à lui donner seulement l'exercice de
l'action en répétition de l'indû.

Mais alors dans quels cas pourra-t-il exercer cette
action ? Nous devons ici distinguer selon que la vente a
été consentie par le saisi pendant la période de quarante-
cinq jours qui suit l'adjudication ou postérieurement à
cette période.

Dans le cas où la vente a été consentie avant l'expiration du délai de quarante-cinq jours, laissé par l'article
750, C. pr. à l'adjudicataire pour transcrire le jugement
d'adjudication, ce dernier n'est pas en faute de ne pas
avoir transcrit. La loi lui donne un délai, il en use;
d'autant que le plus souvent ce laps de temps lui est
absolument nécessaire pour accomplir toutes les formalités préliminaires de la transcription : paiement des
droits d'enregistrement, demande d'expédition du jugement. Par conséquent la loi doit le protéger pendant le
délai qu'elle lui accorde et sa protection se traduit précisément par le droit qu'elle lui donne d'exercer contre
les créanciers l'action en répétition du prix qu'il leur a
payé par erreur. En effet l'adjudicataire ne doit le prix
des biens que s'il en acquiert la propriété. Si l'adjudication est annulée, la propriété ne lui est pas transmise,
et il cesse d'être débiteur du prix; il a payé par erreur
une somme qu'il croyait devoir et il peut la répéter.
Dans ce cas, les créanciers étant exposés au recours de
l'adjudicataire pourront invoquer l'article 686, C. pr. et
faire annuler la vente consentie par le saisi.

Au contraire si le saisi n'a aliéné un immeuble qu'après l'expiration du délai de quarante-cinq jours et alors que l'adjudicataire n'avait pas encore transcrit le jugement d'adjudication, l'adjudicataire est en faute. Il s'est montré peu diligent en laissant expirer le délai de l'article 750, C. pr. sans opérer la transcription : la loi ne lui doit aucune protection; et conséquemment il n'a aucun recours contre les créanciers. En effet il était tenu de payer après l'expiration des quarante-cinq jours, et s'il l'a fait, il n'a pas payé l'indû. Par conséquent on ne saurait lui donner la *condictio indebiti* contre les créanciers; et ceux-ci n'ayant à redouter aucune action de sa part, l'incapacité du saisi ne peut pas renaître; et la vente qu'il a consentie reste valable.

A part les restrictions imposées par la logique, nous maintenons donc que l'adjudicataire a intérêt à transcrire le jugement d'adjudication, afin de se mettre à couvert contre les aliénations consenties par le saisi après le jugement d'adjudication.

Nous avons ainsi démontré que la transcription du jugement d'adjudication sur saisie immobilière n'est pas une vaine formalité; et que seule elle peut protéger l'adjudicataire contre des aliénations antérieures ou postérieures à la transcription de la saisie, les formalités de publicité prescrites par le Code de procédure, étant selon nous, insuffisantes pour sauvegarder ses droits.

§ VIII. — Jugement d'adjudication
sur conversion de saisie.

La vente sur conversion de saisie est celle qui survient alors qu'une saisie est déjà pratiquée et transcrite et que les intéressés demandent par requête, au tribunal, de les autoriser à procéder à l'adjudication suivant les formes prescrites pour la vente des biens de mineurs. Dans le cas où le tribunal fait droit à la demande des intéressés, le jugement qu'il prononce ne fait que substituer la procédure de vente volontaire à celle de vente forcée ; mais la saisie n'est pas effacée. Par conséquent ce sont les seules formalités qui distinguent la vente sur conversion de saisie de la vente sur saisie immobilière. Bien plus, l'article 748, C. proc. civ. prévoit les mêmes conditions de publicité que pour cette dernière : « Dans la huitaine du jugement de conversion, mention sommaire en sera faite, à la diligence du poursuivant, en marge de la transcription de la saisie. — Les fruits immobilisés en exécution des dispositions de l'article 682 conserveront ce caractère, sans préjudice du droit qui appartient au poursuivant de se conformer, pour les loyers et fermages, à l'article 685. — Sera également maintenue la prohibition d'aliéner faite par l'article 686 ».

Nous pouvons donc nous demander, comme pour la saisie immobilière, si, en raison de cette publicité spéciale, la transcription prescrite par la loi de 1855 est indispensable ici.

Nous ferons la même réponse que pour la saisie immobilière et nous donnerons les mêmes arguments que nous venons de développer dans le paragraphe précédent.

§ IX. — Jugement d'adjudication des biens de mineurs et des biens de faillis sur la poursuite des syndics.

Nous ne relevons ici aucune difficulté spéciale. Dans les deux cas la vente est translative de propriété ; par conséquent le jugement d'adjudication doit être transcrit. Si l'on nous objecte que la loi organise une publicité spéciale pour ces ventes dans les articles 459, C. civ., 953 et suivants, C. proc. civ., et 572, C. com., et qu'elle rend ainsi la transcription inutile, nous pouvons répondre qu'en prescrivant des formalités spéciales la loi a eu pour but de protéger le vendeur incapable, mineur ou failli, mais non de créer un système nouveau de publicité en faveur des tiers ; et que, par conséquent, à l'égard de ces derniers, la transcription du jugement d'adjudication est toujours indispensable.

§ X. — Jugement d'adjudication sur folle surenchère.

Dans le cas où l'adjudicataire n'a pas exécuté les clauses du cahier des charges, si, par exemple, il n'a pas payé le prix au jour fixé, l'article 733, C. pr. civ. autorise les poursuivants à faire revendre l'immeuble à sa folle enchère. Le jugement qui intervient alors doit-il être transcrit ?

Dans le cas où le premier jugement d'adjudication n'a pas été transcrit, il n'y a pas de discussion. On admet généralement que le premier adjudicataire n'a pas acquis la propriété de l'immeuble vendu ; que celle-ci est restée toujours sur la tête du débiteur ; et que par suite, la nouvelle adjudication opère son transfert des mains du débiteur en celles du second adjudicataire.

L'adjudication sur folle enchère étant alors translative, le jugement d'adjudication doit être transcrit.

Mais dans le cas où le premier jugement d'adjudication a été transcrit, la question n'est pas tranchée avec autant de facilité, car si, d'une part, il semble qu'en raison de l'acquisition réalisée par un tiers, le jugement d'adjudication sur folle enchère doive être transcrit, d'autre part on peut se demander si ce jugement n'opère pas résolution de la première adjudication, et si, par conséquent, il ne suffit pas de le mentionner en marge de la transcription du premier jugement d'adjudication, conformément à l'article 4 de la loi de 1855, qui dispose : « Tout jugement prononçant la résolution, nullité ou rescision d'un acte transcrit doit, dans le mois à dater du jour où il a acquis l'autorité de la chose jugée, être mentionné en marge de la transcription faite sur le registre.»

La question est fort débattue.

De nombreux auteurs considèrent la première adjudication comme complètement anéantie par la revente sur folle enchère : elle est réputée n'avoir jamais existé ;

et par suite, la transcription qui l'a suivie disparaît avec elle, et n'a pu produire aucun effet.

Pour arriver à ce résultat, les uns admettent que, dans les ventes judiciaires comme dans les ventes amiables, le paiement du prix est une condition résolutoire tacite. L'adjudicataire ne payant pas le prix, les créanciers demandent la résolution de la vente, en procédant contre lui à la revente sur folle enchère. Dès lors la seconde adjudication n'est que la réalisation de la résolution ; et, selon l'article 1183 C. civ. les choses doivent être remises dans le même état que si la première vente n'avait pas eu lieu.

De plus, reprenant une distinction faite dans notre ancien droit, ils admettent deux sortes de résolutions : l'une, provenant d'une cause inhérente au contrat ou *ex causa primæva et necessaria*, qui fait regarder la vente comme non avenue ; l'autre, provenant d'une cause extrinsèque à l'acte, *ex causa nova et voluntaria*, qui n'annulle la vente que pour l'avenir, mais lui conserve tous ses effets dans le passé. Or, disent-ils, le défaut de paiement du prix est une cause de résolution opérant *ex causa primœva et necessaria* ; et, par conséquent, la première adjudication disparaît entièrement avec tous ses effets et accessoires. (1)

(1) En ce sens : FLANDIN *Transcript.*, t. 1, n° 582. — VERDIER. *Transcript.*, t. 1° 461. — BIOCHE, *Dict. de proc.* v° Folle enchère. CHAUVEAU sur Carré, q. 2032, Quinquies. — CHAMPIONNIÈRE et RIGAUD, *Trait. des dr. d'enreg.* n° 2140 et s. — BRESSOLES, n° 33 et 66. *Réquisitoire de Delangle* D. 46. 1. 181. — Cass. 23 Fév. 1820. — 16 Janv. 1827. — 6 Fév. 1823. — 5 Fév. 56 D. 56. 1. 344.

D'autres regardent le paiement du prix comme une condition *suspensive* de la vente. Cette opinion a pour elle l'autorité de Troplong, qui l'a exposée dans un rapport à la chambre des requêtes de la Cour de cassation en 1846; elle est adoptée par de nombreux auteurs et admise dans certains arrêts de la Cour de cassation. (1)

On fait ici une distinction entre les ventes amiables et les ventes forcées. Dans les premières le paiement du prix est bien une condition résolutoire; mais dans les secondes il constitue le but unique de la vente, il est une condition essentielle, inhérente au contrat, une condition suspensive. Les vendeurs ne suivent pas la foi de l'acheteur, il faut qu'il paye ou qu'il consigne; et, s'il y manque, la chose est tenue pour *inempta*. Et par suite, en cas de folle enchère, le fol enchérisseur est réputé n'avoir jamais été propriétaire; et la transcription faite par lui ne peut produire aucun effet.

D'ailleurs que l'on fasse du paiement du prix une condition résolutoire ou une condition suspensive de la vente, le résultat est le même, puisque, nous venons de je voir, dans les deux cas, la première adjudication est réputée non avenue. Dès lors on ne reconnaît qu'une seule adjudication, celle qui est prononcée à la suite de la folle enchère, et c'est elle qui opère le transfert de propriété du saisi au second adjudicataire. Il s'en suit

(1) TROPLONG. Rapport. D. 46. 1. 261. — MERLIN. Rep., v° Folle enchère. — HUREAUX, *Revue prat.*, t. XXXII, p. 357 et s. — Cass, 8 août 1854. S. 54. 1. 609. — 24 juin 1846. D 46, 1, 257.

que les créanciers du saisi pourront valablement inscrire leurs hypothèques sur l'immeuble vendu, jusqu'au
jour où une transcription nouvelle mettra fin à leur
droit. Il est donc indispensable pour l'adjudicataire sur
folle enchère de faire opérer la transcription du jugement d'adjudication.

Nous nous refusons, tout d'abord, à considérer une
vente judiciaire comme inexistante, lorsque le prix
d'adjudication n'a pas été payé par l'adjudicataire.
Nous ne voyons pas en quoi le paiement du prix
serait ici une condition essentielle du contrat plutôt
que dans les ventes amiables ; dans les deux cas l'acheteur est tenu de payer le prix, et le vendeur de livrer la
chose. Si l'un d'eux n'accomplit pas son obligation, le
contrat peut être résolu ; mais il n'y a aucune raison
pour transformer ici la condition résolutoire en une
condition suspensive.

Nous verrons d'ailleurs, qu'après la folle enchère, la
première adjudication n'est pas considérée comme
inexistante, puisque la loi lui reconnaît certains effets,
entr'autres celui de laisser à la charge de l'adjudicataire la différence entre son prix d'adjudication et celui
de la revente lorsque ce dernier est inférieur.

D'autre part, nous ne pouvons pas admettre que l'adjudication sur folle enchère produise une résolution
absolue de la première adjudication. Sans doute le droit
de propriété du premier adjudicataire disparaît ; sans
doute les droits réels qui en découlent disparaissent

avec lui ; mais la résolution de ce droit ne peut pas empêcher la première adjudication d'avoir existé ; elle ne peut supprimer le fait matériel de la première vente. Et cela est si vrai, que le fol enchérisseur, d'après l'article 740, C. pr. civ., reste tenu de la différence entre son prix et celui de la revente sur folle enchère. S'il en est ainsi ; si le fol enchérisseur reste tenu de l'obligation de payer le prix, c'est donc que la première adjudication n'est pas dépourvue d'effet, puisqu'elle seule peut être la source de son obligation (1).

C'est pourquoi encore tous les actes de jouissance accomplis par le fol enchérisseur ne sont pas atteints par la résolution, car ce sont là des faits matériels qu'on ne peut pas effacer.

Enfin les actes d'administration du fol enchérisseur subsistent aussi : les baux qu'il a consentis sont valables, sauf discussion sur leur durée (2) ; les fruits qu'il a perçus lui appartiennent (3) ; les réparations nécessaires restent à sa charge (4).

C'est pourquoi nous pensons que l'adjudication sur folle enchère ne fait que résoudre le droit de propriété du fol enchérisseur, mais laisse subsister l'adjudication à l'égard du saisi et de ses créanciers. En effet, après la première adjudication, le saisi cesse d'être proprié-

(1) Cass., 12 août 1868. — Meaux, S. 72, 2. 123.
(2) Cass., 11 avril 1821. — 16 janv. 1827. — Paris, 25 janv. et 19 mai 1835, S. 35, 2. 103 et 256. — 11 mai 1839, S. 39, 2. 337.
(3) Paris, 11 juillet 1829.
(4) Cass., 12 février 1828.

taire, l'immeuble est définitivement sorti de son patrimoine et ne peut plus y rentrer. Si une adjudication sur
folle enchère se produit, cet immeuble va changer de
mains et passer dans celles du nouvel adjudicataire ;
mais en aucune façon il ne rentrera dans le patrimoine
du saisi. Il se produit ainsi une sorte de subrogation
d'un nouvel adjudicataire à l'ancien, et, le droit de
celui-ci étant résolu, le dernier adjudicataire sera réputé
propriétaire depuis le jour de la première adjudication.
Tout se passe, en somme, selon M. Mourlon (1), comme
s'il n'y avait qu'une seule adjudication, la première ;
et un seul adjudicataire, le dernier. Et par suite, l'immeuble étant resté en dehors du patrimoine du saisi
depuis la transcription du premier jugement d'adjudication, aucun droit réel nouveau n'a pu le grever du chef
de ce dernier ; et les créanciers non inscrits ne sont pas
fondés à inscrire leurs hypothèques, car la transcription
a fixé définitivement leurs droits. Or, la transcription du
premier jugement, étant un fait matériel, aussi bien
que la vente, ne peut pas être effacée plus que celle-ci ;
et elle conserve tout son effet. Par conséquent nous
pensons qu'il sera inutile de transcrire le jugement
d'adjudication sur folle enchère, la première transcription ayant dépouillé le débiteur et fixé d'une façon définitive les droits des créanciers inscrits. Les inscriptions
contre le saisi ont été arrêtées par les formalités

(1) MOURLON, *Transcript.*, t. II, n° 540.

accomplies par le fol enchérisseur, et ces formalités profitent au nouveau propriétaire, comme s'il les eût remplies lui-même. La mention en marge de la transcription prescrite par l'article 4 de la loi de 1855 sera suffisante.

D'ailleurs il nous semble que la loi de 1858, qui a modifié l'article 779 C. pr. civ. vient fortifier notre opinion. Auparavant on se demandait si, en cas de folle enchère. l'ordre pendant ou déjà clos sur le prix de la première adjudication devait être rouvert sur le prix de la seconde. Selon que l'on admettait ou non la résolution de la première adjudication, la solution variait.

Or, la loi de 1858, ne faisant d'ailleurs que suivre l'indication de la jurisprudence (1), déclare formellement que l'ordre ne doit pas être rouvert. L'article 779 C. pr. civ. dit, en effet : « L'adjudication sur folle enchère, intervenant dans le cours de l'ordre, et même après le règlement définitif et la délivrance du bordereau, ne donne pas lieu à une nouvelle procédure. Le juge modifie l'état de collocation suivant les résultats de l'adjudication et rend les bordereaux exécutoires contre le nouvel adjudicataire. »

S'il en est ainsi, n'est-ce pas parce que l'adjudication sur saisie immobilière n'est pas résolue, et que la transcription du jugement, faite à sa suite, conserve toute sa force ? Et n'est-on pas fondé à dire, avec MM. Grosse

_____

(1) Cass., 12 nov. 1821.

et Rameau (1) que cet article n'est que la consécration
du principe que l'adjudication sur folle enchère n'opère
pas transmission ; qu'elle place le nouveau propriétaire
dans la même situation que s'il avait acquis directement,
lors de la première mise en vente de l'immeuble, au
lieu du fol enchérisseur, opinion d'ailleurs confirmée
par une partie de la doctrine (2).

Sans doute on nous objecte que l'article 779 n'a pas
la portée que nous voulons lui donner ; et qu'il ne s'occupe que d'une simple question de procédure. Le législateur a voulu ainsi réduire le plus possible les frais,
toujours élevés de la procédure d'ordre ; et dans ce but,
il a songé à utiliser les bordereaux déjà établis dans
l'ordre primitif, en prescrivant un simple changement,
en raison de la différence des prix d'adjudication. Le
juge ne doit établir de bordereaux nouveaux que pour
les créanciers qui n'avaient pas pu produire à l'ordre
précédent et qui ont acquis des droits par suite de la
résolution de la première adjudication.

Mais nous ne voulons pas supposer que le législateur
de 1858, se trouvant en présence d'une controverse
aussi importante que celle qui était née de la question
qui nous occupe, n'ait pas eu l'intention de la faire cesser. D'autre part s'il avait voulu autoriser de nouveaux
créanciers à produire à l'ordre, il l'aurait dit formellement,

(1) Comment. de la loi de 1858, n° 550.
(2) AUBRY et RAU, t. II, p. 297, note 39. — SELIGMAN, Comment. de la loi de 1858, n° 694. — OLLIVIER et MOURLON, Id.,
n° 237.

et l'article 779, C. pr. civ. ne parle que de remaniements à apporter aux bordereaux déjà existants.

Nous maintenons donc que la loi de 1858 est la consécration du système que nous adoptons et que le cours des inscriptions est arrêté par la première transcription. Le nouvel adjudicataire n'aura donc pas à se protéger contre les inscriptions prises postérieurement à cette transcription; et il lui suffira de mentionner en marge le dernier jugement d'adjudication.

Mais, nous fait-on remarquer, si on considère la première adjudication comme maintenue, malgré la folle enchère, il devient inutile de mentionner en marge de la transcription le jugement d'adjudication sur folle enchère, car l'article 4 de la loi de 1855 n'ordonne la mention que des jugements prononçant la *résolution* d'un acte transcrit; et la folle enchère ne produisant pas de résolution, ne peut être soumise à la prescription de cet article. Dès lors, la transcription étant jugée inutile et la mention en marge étant sans objet, les tiers ne seraient plus avertis du changement de propriétaire effectué par la folle enchère.

Nous répondons que, sans doute la première adjudication est maintenue à l'égard du saisi et de ses créanciers; mais que le droit du fol enchérisseur est résolu, et que cette résolution suffit pour justifier la mention en marge du jugement d'adjudication sur folle enchère, car l'article 4 de la loi de 1855 n'exige pas que la résolution soit absolue.

D'autre part cette mention est insuffisante pour protéger les intéressés, c'est-à-dire ceux qui pourraient traiter dans la suite avec le fol enchérisseur. Ils seront ainsi avertis de la résolution de son droit de propriété sur l'immeuble vendu, et ne pourront plus être trompés par lui. C'est tout ce qu'ils peuvent demander ; et la transcription du jugement ne les renseignerait pas davantage.

D'ailleurs le système que nous combattons produirait des conséquences telles qu'elles suffiraient à nous le faire repousser. Il permettrait d'abord de faire revivre les hypothèques non inscrites lors de la première adjudication et donnerait un rang à celles qui n'auraient été consenties par le débiteur que postérieurement à la transcription du premier jugement d'adjudication. Ce serait ainsi réduire de beaucoup le droit des créanciers poursuivants chirographaires. De plus les hypothèques, valablement inscrites lors de la première adjudication, mais qui seraient périmées depuis lors, seraient considérées comme nulles, alors que leurs titulaires n'avaient aucune raison de se croire obligés de renouveler leurs inscriptions. Or, nous ne pouvons pas admettre que la folle enchère ait pour effet de favoriser les créanciers négligents ou récents au détriment de ceux que la loi nouvelle a l'intention de protéger.

Et qu'on ne vienne pas nous dire qu'en pratique les jugements d'adjudication sur folle enchère sont toujours transcrits, ce ne serait là qu'un mauvais argument. En pratique il en est toujours ainsi : dès qu'une difficulté se présente, on essaye de la tourner sans la résoudre ; si un doute s'élève sur l'opportunité d'une formalité, malgré les frais qu'elle peut entraîner, on la remplit, et l'on est ainsi certain de ne courir aucun risque dans l'avenir.

En résumé nous disons : l'adjudication sur folle enchère ne fait que substituer un second acquéreur au premier ; elle laisse subsister au regard du saisi la première adjudication, et ne résout que le droit de propriété du fol enchérisseur en faveur des créanciers poursuivants. Par conséquent la transcription du jugement d'adjudication sur folle enchère sera sans objet quand le premier jugement d'adjudication aura été transcrit ; et il suffira de la mention en marge prescrite par l'article 4 de la loi de 1855.

SECTION II

Jugements d'adjudication confirmatifs

Nous allons examiner maintenant les jugements d'adjudication que nous considérons comme confirmatifs ; ce sont : le jugement d'adjudication des biens d'une succession bénéficiaire au profit de l'héritier bénéficiaire ; le jugement d'adjudication au profit du tiers détenteur adjudicataire sur surenchère du dixième ou sur saisie immobilière pratiquée contre lui ; le jugement d'adjudication sur délaissement au profit du délaissant.

§ I. — Jugement d'adjudication des biens d'une succession bénéficiaire au profit de l'héritier bénéficiaire.

Nous avons vu que lorsque l'adjudication des biens d'une succession bénéficiaire est prononcée au profit d'un tiers, le jugement d'adjudication est translatif et doit être transcrit. Si l'adjudication est prononcée au profit de l'héritier bénéficiaire, il en est autrement.

Mais ici il est indispensable de bien déterminer la nature et les effets de l'acceptation sous bénéfice d'inventaire. Aux termes de l'article 802, C. civ., elle procure certains avantages à l'héritier qui évite ainsi la confusion de son propre patrimoine avec celui du défunt et qui, par conséquent, n'est tenu des dettes de la succession que jusqu'à concurrence des biens qu'il a recueillis.

Mais comme, d'autre part, l'article 803 le charge d'administrer les biens de la succession et qu'il doit rendre compte de son administration aux créanciers et aux légataires, on s'est demandé s'il conservait bien la qualité d'héritier et s'il était véritablement propriétaire de ces biens, ou seulement détenteur et simple administrateur comptable.

Mourlon adoptait cette manière de voir. Il disait : « A l'égard des créanciers héréditaires, le défunt est, par l'effet du bénéfice d'inventaire, réputé vivant ; sa succession le représente. C'est en sa personne fictive que

réside la propriété des biens qu'il a laissés. Tout se
passe comme s'il vivait. S'il y a des rapports entre l'héritier et les créanciers, ce ne peut être ni en qualité de
propriétaire, ni de débiteur, il n'est qu'administrateur
comptable, car, s'il était propriétaire, il serait tenu
des dettes. » (1) Et il s'appuyait sur l'autorité de Pothier
et de Lebrun.

Nous croyons qu'il est le seul à avoir soutenu semblable théorie. Dans l'ancien droit, nous fait remarquer
Merlin, le Parlement de Paris jugeait constamment que
l'héritier bénéficiaire possédait et transmettait, non
comme acquêts, mais comme propres, les biens de la
succession dont il se rendait adjudicataire, parce que ce
n'était pas à l'adjudication qu'il en devait la saisine,
parce que l'adjudication n'avait fait que confirmer et
continuer sa propriété.

Les auteurs sur lesquels s'appuie Mourlon sont, à
bien considérer, opposés à son système. S'ils disent
qu'ils ne considèrent pas l'héritier bénéficiaire comme
« véritable possesseur et propriétaire », c'est dans un
sens restreint et seulement à l'égard des créanciers
héréditaires, mais ils ne songent pas à lui enlever les
qualités qui lui sont généralement reconnues.

Lebrun dit : « Nous lui donnons plus qu'à un simple
administrateur et curateur aux biens vacants, puisque,

(1) *Transcript.*, t. 1, n° 83.

les dettes payées, il profite du surplus des biens de la succession. » (1)

Et Pothier : « Quoique l'héritier, bénéficiaire soit, dans la vérité, *un vrai héritier et un vrai successeur du défunt*, néanmoins l'effet du bénéfice d'inventaire est de le faire considérer, *vis-à-vis des créanciers de la succession*, plutôt comme administrateur des biens de la succession que comme le vrai héritier et le vrai propriétaire de ces biens. » (2)

Et cette idée était si bien admise que l'adjudication ne donnait pas lieu au profit de vente. « Quand un héritage est vendu sur un héritier bénéficiaire et qu'il lui a été adjugé, dit Ferrière, il n'est pas obligé d'en payer les droits de lods et vente. La raison en est qu'il semble que quand les biens ont été décrétés sur l'héritier bénéficiaire et qu'ils lui ont été adjugés, ils n'ont été mis aux enchères que pour y mettre prix et en savoir la valeur. Ce qui est fondé sur ce que la qualité d'héritier bénéficiaire n'ôte pas à celui qui l'a prise celle de propriétaire, de possesseur et de seigneur des biens de la succession. » (3)

C'est d'ailleurs l'opinion de tous les auteurs anciens (4).

De nos jours les auteurs s'accordent aussi pour con-

(1) Liv. III, chap. IV, nº 1.
(2) *Success.*, chap. III, sect. 2, art. 2. § 1er.
(3) Chap. II, sect. 3, art. 2. nº 65.
(4) GUYOT, *Des Lods*, chap. IV, sect. 2, nº 15. — FONMAUR, nº 248. — BOUTARIC. *Des Lods*. § 2. nº 9.

sidérer l'héritier bénéficiaire comme un véritable héritier et comme propriétaire des biens de la succession. Sans doute l'héritier bénéficiaire est tenu d'administrer et de rendre compte aux créanciers héréditaires, mais, s'il en est ainsi, c'est en raison du privilège qui résulte pour lui de son acceptation sous bénéfice d'inventaire. En effet, il n'est ainsi tenu des dettes que jusqu'à concurrence des biens qu'il a recueillis ; il est donc obligé de représenter aux créanciers tous ces biens, de les conserver en bon état, d'employer leur valeur ou leurs produits au paiement des dettes, et l'on conçoit très bien que les créanciers aient un droit de contrôle sur lui. C'est pourquoi Merlin nous dit : « Sa qualité d'administrateur dérive du privilège qu'il s'assure en faisant inventaire, de ne pas s'obliger au delà de son émolument. » (1)

L'héritier bénéficiaire administre donc aussi bien pour lui que pour les créanciers héréditaires, les biens dont il est propriétaire, et cela parce qu'il espère arriver à payer les créanciers et à recueillir un actif net.

Notre solution est la même si on suppose que l'héritier a fait abandon aux créanciers des biens de la succession. Cet abandon n'est pas, en effet, une renonciation à la succession, c'est une sorte de cession de biens qui ne peut pas avoir pour effet d'enlever à celui qui le fait sa qualité d'héritier et la propriété des biens de

_____

(1) Rép. v° Bénéf. d'invent., n° 25.

l'hérédité. Après cet abandon, l'héritier n'est plus tenu de l'administration, elle passe à la charge des créanciers, voilà tout le changement qui se produit.

Et cela est si vrai, que si, après la vente des biens faite par les créanciers et le paiement de ceux-ci, il reste un reliquat, il revient à l'héritier bénéficiaire. Or de quel droit s'attribuerait-il ce reliquat s'il n'était pas propriétaire ?

Nous disons donc que l'héritier bénéficiaire a accepté d'une façon définitive la succession et que l'abandon fait aux créanciers, pas plus que le bénéfice d'inventaire, ne peut pas avoir pour résultat de lui enlever ou de suspendre sa qualité d'héritier. C'est d'ailleurs l'opinion admise d'une façon générale par la doctrine (1) et aussi par la jurisprudence qui ne déclare exigible ici que le droit fixe de transcription mais non celui de mutation (2).

Mais si l'héritier bénéficiaire est propriétaire des biens de la succession, peut-il se porter adjudicataire de ces mêmes biens ? Il semble qu'il ne peut pas jouer à la fois le rôle de vendeur et d'acheteur, nul ne pouvant se rendre acquéreur de sa propre chose.

Il faut tout d'abord observer que le bénéfice d'inven-

(1) MARCADÉ, t. III, n° 255. — AUBRY et RAU, t. VI, § 618. — FLANDIN, *Transcript.*, t. I, n° 543. — DUVERGIER, Vente, t. I, n° 190. — MERLIN, *loc. cit.* — DEMOLOMBE, *Success.*, chap. V, n° 191. — CHAMPIONNIÈRE et RIGAUD, t. III, n° 2019.
(2) Cass., 12 Nov. 1823. D. 23. 451. — 26 Déc. 1832. D. 32. 1. 16. 10 avril 1848. — 26 Fév. 1862. — 20 Déc. 1869. — 22 juillet 1880.

taire produit une situation mixte, qui donne une double personnalité à l'héritier. Celui-ci est tantôt représentant du défunt quand il s'agit du patrimoine héréditaire, et tantôt un tiers quand il s'agit de son propre patrimoine. C'est pourquoi la Cour de cassation décide qu'il reste tenu des obligations du défunt alors que son patrimoine reste distinct de celui du défunt (1). C'est ainsi encore que, lorsqu'il vend en qualité d'héritier bénéficiaire, il peut surenchérir en qualité de créancier hypothécaire, car, dit la Cour de Caen, « il y a en lui deux qualités et pour ainsi dire deux personnes parfaitement distinctes. » (2)

Par conséquent il n'y a aucun inconvénient à ce qu'il se porte adjudicataire des biens de la succession, car il vend les biens comme continuateur du défunt, mais il les achète comme étranger à la succession. Il n'est pas nécessaire pour l'admettre aux enchères de supposer qu'il n'était pas propriétaire. Le seul effet de l'opération est de le rendre désormais propriétaire incommutable de l'immeuble, qui fait, dès ce moment, partie de son patrimoine, mais il n'y a pas eu transfert de propriété, celle-ci est simplement confirmée sur sa tête.

Cependant M. Delvincourt a cru devoir faire une distinction. Il reconnaît à l'héritier bénéficiaire le droit de se porter adjudicataire des biens de la succession, si ces biens sont vendus en présence des créanciers ou eux

(1) 17 mars 1852, J. P. 54,2,245.
(2) 23 août 1839. S. 40,2,111.

dûment appelés, car, dit-il, « il n'y a pas à craindre de collusion, les créanciers sont là pour veiller. » Mais, si les créanciers n'ont pas été appelés, il considère l'héritier comme mandataire et, en raison de l'article 1596, C. civ., qui interdit au mandataire de se porter adjudicataire des immeubles qu'il est chargé de vendre, il estime qu'il ne peut pas acquérir car « la fraude serait trop à craindre, il serait ainsi trop aisé à l'héritier d'écarter les enchérisseurs. » (1)

« Mais, nous dit Duvergier (2), ou bien l'héritier bénéficiaire est un mandataire chargé de vendre, ou il ne l'est pas ; dans la seconde supposition il est capable, dans la première il est incapable d'acheter », et, dès lors, la présence des créanciers à la vente ne peut pas faire disparaître la cause de son incapacité et cette distinction ne se conçoit pas.

D'ailleurs il n'y a pas de fraude à craindre ici, car l'héritier va faire son possible pour vendre l'immeuble un prix élevé, afin d'arriver à désintéresser les créanciers avec le prix d'adjudication et à avoir un reliquat pour lui.

Nous pensons donc qu'il ne faut pas distinguer, comme le fait M. Delvincourt ; les créanciers sont suffisamment protégés par la publicité donnée à l'adjudication et par la vente aux enchères publiques, l'héritier

(1) Cours de Code civil, t. II, p. 643, note 10.
(2) T. XVI, n° 190.

bénéficiaire peut donc se porter adjudicataire, qu'il ait ou non appelé les créanciers à la vente.

Mais il en est d'autres qui, s'ils admettent notre solution lorsque les biens sont vendus par l'héritier lui-même, la rejettent lorsqu'ils sont vendus à la requête des créanciers. Ils considèrent alors l'héritier comme un saisi et, en vertu de l'article 711, C. pr., qui défend à l'avoué de surenchérir pour le saisi, ils refusent à l'héritier bénéficiaire le droit de se porter adjudicataire.

C'est la théorie admise par un arrêt de la Cour de Pau du 2 août 1844, affaire Maudron (1) qui dispose : « Attendu que si on devait, en droit, examiner la question de savoir si l'héritier bénéficiaire saisi peut devenir adjudicataire des biens expropriés sur sa tête, il faudrait reconnaître que l'article 711, C. pr., contient une prohibition formelle : qu'en effet cet article n'établit aucune distinction. »

Nous répondons que l'article 711, C. pr. s'explique très bien lorsqu'il s'agit d'un débiteur saisi, car on présume, avec raison, que, s'il laisse pratiquer contre lui la procédure d'expropriation, c'est qu'il n'est pas en état de s'acquitter de ses dettes et que, par là même, il serait dans l'impossibilité de payer le prix. Mais ces raisons n'existent plus lorsqu'il s'agit d'un héritier bénéficiaire, la présomption d'insolvabilité n'est pas

(1) D. 46,1.134.

justifiée et l'héritier peut parfaitement payer avec ses propres deniers les immeubles qu'il achète. (1)

L'arrêt de Pau objecte, il est vrai que « vainement on oppose que l'insolvabilité du saisi a été le seul motif de la loi et que l'héritier bénéficiaire ne confond pas ses biens personnels avec ceux de la succession ; il est facile de comprendre qu'indépendamment de l'insolvabilité du saisi, la loi a dû reconnaître d'autres motifs pour s'opposer à ce que le saisi devint adjudicataire. En effet, il peut éloigner les enchérisseurs, détériorer les biens, rendre, en un mot, la vente difficile pour tout autre que pour lui ; et ces motifs s'appliquent à l'héritier bénéficiaire, tout comme à celui qui est pur et simple. »

Mais nous estimons que la présomption d'insolvabilité du saisi est bien le motif déterminant de l'article 711. C. pr. D'autre part, nous avons démontré plus haut que l'héritier ne cherchait pas à écarter les enchérisseurs, cela afin d'obtenir le prix le plus élevé possible de l'immeuble et d'avoir un reliquat pour lui.

Nous écartons donc ce dernier système et nous pensons que, dans tous les cas, l'héritier bénéficiaire peut se porter adjudicataire des biens de la succession.

Si nous nous demandons maintenant si le jugement d'adjudication prononcé au profit de l'héritier bénéficiaire doit être transcrit, la solution est facile. Nous ne

(1) Colmar, 21 Janvier 1811, J. P. 12. 2. 47. — PIGEAU, s. art. 713.

pouvons pas dire, comme Mourlon, que l'héritier ne
devient propriétaire que par l'effet de l'adjudication, que
celle-ci opère mutation ; nous avons admis qu'il était
propriétaire des biens de la succession, après son acceptation et que le jugement d'adjudication ne faisait que
confirmer la propriété dans sa main. Dès lors le jugement d'adjudication est confirmatif et il ne doit pas
être transcrit.

§ II. — **Jugement d'adjudication au profit du tiers détenteur, adjudicataire sur surenchère du dixième ou sur
saisie immobilière pratiquée contre lui.**

Dans le cas où l'acquéreur d'un immeuble, par suite
d'aliénation volontaire, reste adjudicataire du même
immeuble après surenchère du dixième provoquée par
les créanciers qui ont refusé les offres qu'il leur avait
faites à fin de purge, il n'y a pas de transfert de propriété. Le tiers détenteur n'a pas en effet cessé d'être
propriétaire et le jugement d'adjudication sur surenchère ne fait que confirmer la propriété et la fixer sur
sa tête où elle se trouvait déjà en vertu d'un titre antérieur. Or, la transcription étant la formalité préliminaire
de la purge, le titre d'acquisition a sûrement été transcrit et, par suite, la transcription du jugement d'adjudication est inutile.

Cette solution dérive des principes que nous avons
pris pour guides et d'après lesquels les actes translatifs
seuls doivent être transcrits. Mais, de plus, elle est

confirmée par l'article 2189, C. civ. « L'acquéreur ou le donataire qui conserve l'immeuble mis aux enchères, en se rendant dernier enchérisseur, n'est pas tenu de faire transcrire le jugement d'adjudication. »

Nous avons vu que cet article, qui n'avait pas de raison d'être sous l'empire du Code civil, a repris toute sa force depuis la loi de 1855. En effet, lors de sa rédaction, le législateur pensait que l'on conserverait dans le Code le système, alors en vigueur, de la loi du 11 Brumaire an VII qui exigeait la transcription de tous les jugements d'adjudication et il avait voulu ainsi dispenser de cette formalité les jugements simplement confirmatifs. Le Code n'a pas admis le système de la loi de Brumaire, mais l'article 2189 est resté. La loi de 1855 exigeant à nouveau, la transcription de tous les jugements d'adjudication, il n'y a pas de raison pour décider que la distinction établie par l'article 2189 ne doit pas subsister et que cet article est abrogé par la loi de 1855.

C'était d'ailleurs l'avis des commissaires du gouvernement, devant la commission du Sénat, lors de la discussion de la loi de 1855. Nous lisons dans le rapport de M. de Casabianca : « Quel est le motif qui fait affranchir de la transcription les jugements d'adjudication obtenus par des cohéritiers ou des copartageants ? C'est qu'ils n'opèrent point mutation... Le même motif justifie, à plus forte raison, l'article 2189, puisque l'immeuble adjugé reste dans les mêmes mains et que l'acquéreur et le donataire ont chacun un autre titre qui doit déjà avoir été transcrit. Cet article sera maintenu. Tel est l'avis de MM. les commissaires du gouvernement : c'est aussi le nôtre. » (1)

C'est pourquoi les fruits que l'acquéreur a perçus dans l'intervalle compris entre la transcription du contrat d'acquisition et l'adjudication sur surenchère restent sa propriété.

C'est pourquoi encore, après l'adjudication, le tiers détenteur n'est pas tenu de fournir une nouvelle caution en garantie du paiement du prix, celle qu'il avait fournie lors de sa première acquisition reste obligée.

C'est pourquoi enfin il n'est pas tenu de payer au fisc un nouveau droit de mutation. Nous refusons même à l'administration le droit de percevoir un supplément sur la différence du prix d'adjudication et du montant des offres faites aux créanciers, droit qui lui est reconnu cependant par la Cour de cassation qui fonde sa décision sur ce que l'adjudication est le seul titre de propriété de l'acquéreur. « Attendu, dit-elle, que l'adjudication sur surenchère fait passer la propriété de l'immeuble surenchéri du vendeur originaire à l'adjudicataire et opère une véritable mutation passible du droit d'enregistrement sur le montant de l'adjudication ; que c'est l'adjudication qui fait connaître le propriétaire définitif

(1) Rapport Casabianca. Impression du Sénat. session de 1855, n° 72, p. 12. — MERLIN, Rép. v°. Transcript., § 6. n° 111. — RIVIÈRE et HUGUET, n° 117. — DUCRUET, n° 7. — FONS, n° 23. — AUBRY et RAU, t. II, p. 296.

de l'immeuble et en détermine le vrai prix. Attendu
qu'il est indifférent que l'adjudication soit prononcée au
profit de l'acquéreur surenchéri ou au profit de tout
autre ; que le jugement d'adjudication efface ou modifie
le contrat volontaire et substitue un prix nouveau et des
conditions nouvelles au prix et condition stipulés dans
le contrat primitif. » (1)

Mais nous n'admettons pas que le jugement d'adjudication efface le contrat volontaire, nous avons dit que
l'acquéreur originaire ne cessait pas d'être propriétaire
et, par conséquent, qu'il n'avait existé qu'une seule
mutation, celle produite par la vente volontaire de
l'immeuble. Dès lors le prix véritable de l'immeuble est
celui qui a été fixé lors de cette vente et on ne peut y
faire rentrer l'excédent de l'adjudication, qui sera toujours remboursé à l'adjudicataire par son vendeur, en
vertu de l'action en remboursement qu'il a contre lui.
Or, d'après l'article 15 de la loi du 22 frimaire an VII,
la valeur de la propriété, sur laquelle sera calculé le
droit de mutation, est déterminée par le prix exprimé ou
par une estimation d'expert. Le prix exprimé ici est
celui de la première vente, l'excédent de l'adjudication,
nous venons de le voir, ne pouvant être ainsi qualifié ;
c'est donc sur lui seul que doit être calculé le droit de
mutation et, s'il a été payé, l'adjudicataire ne doit plus
rien.

L'administration objecte alors que l'adjudication rem-

(1) 3 juillet 1849. D. 49, 1, 252.

place l'expertise, qu'elle accuse une plus-value de l'immeuble depuis la première vente et que, par suite, le
droit de mutation est dû proportionnellement à cette
plus-value.

Mais on ne saurait remplacer une expertise par une
adjudication dont les données sont d'autant moins certaines que l'enchérisseur est plus assuré de se voir restituer l'excédent de son prix et n'hésite pas ainsi à
pousser les enchères au-delà de la valeur réelle de
l'immeuble.

Aussi disons-nous que le droit proportionnel de mutation ne doit être calculé que sur la valeur de l'immeuble
au moment de l'aliénation volontaire, car celle-ci seule
a déplacé la propriété ; l'adjudication sur surenchère n'a
fait que la confirmer sur la tête de son titulaire. (1)

A notre système, qui considère la transcription comme
inutile, on a objecté que le défaut de transcription était
un danger pour les tiers. Ils ont eu connaissance par la
transcription du titre primitif d'acquisition ; ils ont appris
depuis qu'une surenchère avait été faite et ils ont besoin
de savoir quel est l'adjudicataire.

Mais nous répondons que les tiers ne courent aucun
danger. En effet, si c'est un tiers qui reste adjudicataire,
il est tenu d'opérer la transcription du jugement d'adjudication et celle-ci les avertira. Si c'est le premier
acquéreur, aucun changement ne survient et les tiers

(1) Trib. du Blanc, 9 juin 1846. D. 49. 1. 252.

sont suffisamment avertis par la transcription du contrat, faite antérieurement. (1)

Nous donnons la même solution au cas où l'acquéreur
au lieu de procéder à la purge se laisse exproprier par
les créanciers et reste adjudicataire de l'immeuble acquis
précédemment par lui. Cependant la Cour de Bruxelles,
dans un arrêt du 15 avril 1859, s'appuyant sur l'article 2169, C. civ., qui autorise les créanciers, au cas où
le tiers détenteur ne satisfait pas à ses obligations, à
faire *vendre sur lui* l'immeuble hypothéqué, considère
le tiers détenteur comme un véritable saisi et, en raison
de l'article 713, C. pr. (711 nouveau) décide qu'il ne
peut se rendre adjudicataire sur revente faite sur lui. (2)

Nous ne pouvons que répéter ici ce que nous avons
dit dans le paragraphe précédent à propos de l'héritier
bénéficiaire ; la raison d'être de l'article 711, C. pr., est
la présomption d'insolvabilité du saisi, or cette raison
n'existe plus lorsqu'il s'agit d'un tiers détenteur. Comme
il n'est pas obligé personnellement, il ne doit pas
acquitter les dettes, ou du moins il ne le doit que parce
que l'immeuble hypothéqué est entre ses mains et seulement jusqu'à concurrence de sa valeur, nous dit Persil.
Par conséquent si les créances sont trop élevées, il peut

(1) En ce sens : FLANDIN. *Transcript*, t. 1, n° 562. — CHAMPION-
NIÈRE et RIGAUD. t. III, p. 313, n° 2155. — VERDIER. *Transcript*,
t. 1, n° 207.

(2) Dans le même sens : FAVARD DE LANGLADE, t. 1, p. 68. —
CHAUVEAU sur Carré. n° 2395 *ter*. — DESCAMPS, p. 68.

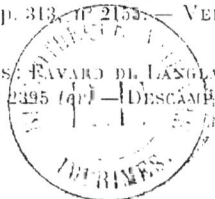

se laisser exproprier sans que, pour cela, il soit considéré comme insolvable.

D'autre part il n'est pas à proprement parler un saisi et cela précisément parce qu'il n'est pas débiteur des poursuivants.

Nous décidons donc qu'il peut valablement se porter adjudicataire et que, le jugement d'adjudication n'étant que confirmatif, ne devra pas être transcrit. (1)

§ III. — Jugement d'adjudication sur délaissement au profit du délaissant.

Le jugement d'adjudication sur délaissement rendu au profit du délaissant doit-il être transcrit ?

Si nous admettions, comme certains l'ont fait, que le délaissement est une renonciation à la propriété faite par le tiers détenteur au profit des créanciers, nous devrions dire que, lorsque ce détenteur reste plus tard adjudicataire de l'immeuble délaissé, il acquiert a nouveau la propriété sur lui, qu'il y a un nouveau transfert opéré et que le jugement d'adjudication doit être transcrit.

Mais nous avons vu, en discutant la question de savoir de qui le tiers adjudicataire tient ses droits sur l'immeuble, qu'il les tenait directement du délaissant, que celui-ci restait propriétaire jusqu'au jour de l'adjudication et que le délaissement avait eu pour seul résul-

(1) DURANTON, t. XX, p. 394, n° 242. — PERSIL, t. II, p. 354. — PIGEAU, t. II, p. 332. — THOMINE, t. II, p. 255.

tat de lui enlever la détention de l'immeuble. Dès lors,
le délaissant qui reste adjudicataire ne fait que recouvrer la possession d'une chose dont il n'avait jamais
cessé d'être propriétaire; l'adjudication confirme son
acquisition antérieure et le jugement, n'étant pas translatif, ne doit pas être transcrit.

On objecte, il est vrai, que l'article 2172, C. civ. exige
de celui qui veut délaisser la capacité d'aliéner et l'on
en déduit que, s'il en est ainsi, c'est que le délaissement
est un acte d'aliénation.

Mais, fait remarquer Verdier (1), s'il est vrai que pour
faire un acte d'aliénation il faut être capable d'aliéner,
il n'est pas toujours vrai que les actes pour lesquels la
loi demande la capacité d'aliéner soient des actes d'aliénation. Si elle exige cette capacité, c'est que, bien souvent, les actes en question peuvent produire les mêmes
effets que les actes d'aliénation. Il en est ainsi en cas de
constitution d'hypothèque pour laquelle l'article 2124,
C. civ. prescrit au constituant d'avoir la capacité d'aliéner l'immeuble hypothéqué; ce n'est pas une aliénation,
mais si, plus tard, le constituant ne paye pas son créancier, celui-ci peut faire saisir et vendre l'immeuble en
vertu de son droit hypothécaire et le débiteur sera
ainsi dépouillé aussi bien que s'il avait fait un acte
d'aliénation. De même ici, le délaissement pourra devenir un acte d'aliénation si le délaissant ne se rend pas
adjudicataire de l'immeuble délaissé.

(1) *Transcript.*, t. i. n° 208.

L'objection n'a donc pas de valeur et il reste vrai que le jugement d'adjudication ne doit pas être transcrit (1).

Faut-il, d'autre part, faire une distinction entre les acquéreurs à titre onéreux et les acquéreurs à titre gratuit, donataires et légataires ? Nous ne le pensons pas.

Pour le donataire, il est vrai qu'il semble, au premier abord, qu'après l'adjudication il s'est produit un changement dans son titre de propriété, puisque, ayant acquis l'immeuble gratuitement, il ne le possède maintenant que moyennant un prix. C'est pourquoi le dictionnaire d'enregistrement prétend que l'adjudication au profit du donataire a résolu le contrat de donation et qu'il se produit alors une vente, au profit du donataire, passible du droit de mutation à titre onéreux.

Mais nous ne pensons pas que l'adjudication sur délaissement ait pour effet de changer ainsi la nature du titre du donataire. En effet, celui-ci de donataire ne devient pas acquéreur, l'argent qu'il donne aux créanciers n'est pas un prix, car il peut se le faire rembourser par le donateur, tenu de la dette. Il est considéré, dans ce cas, comme toute personne qui a payé la dette d'un tiers et il peut exercer contre ce dernier un recours soit par voie

(1) En ce sens : GRENIER, t. II, n° 330. — PERSIL, Reg. hyp. sous art. 2173, n° 3. — DURANTON, t. XX, n° 263 et 264. — TROPLONG, Hypoth., t. III, n° 785. — Colmar, 22 nov. 1831, S. 32. 2. 271. — Cass., 24 fév. 1830, S 30. 1. 84. — 15 déc. 1862, S. 63. 1. 57. — Besançon, 14 déc. 1877, D. 78. 2. 55.

de subrogation légale, selon l'article 1251, C. civ., soit par l'action de gestion d'affaire, selon l'article 1375. Et quand il aura obtenu du donateur le remboursement des sommes versées aux créanciers, il possèdera bien encore l'immeuble à titre gratuit, sans l'avoir jamais possédé à titre onéreux, puisque, depuis le paiement aux créanciers, les sommes payées étaient remplacées dans ses mains par les actions en remboursement contre le donateur.

D'ailleurs en payant les créanciers il n'a fait que remplir l'obligation dont il était tenu par l'action hypothécaire, à savoir de payer les dettes jusqu'à concurrence de la valeur de l'immeuble, et la mise aux enchères n'a été qu'un moyen de déterminer cette valeur.

Enfin la loi ne fait aucune distinction et dans l'article 2189 assimile le donataire à l'acquéreur pour le dispenser de la transcription (1).

Quant aux légataires, on fait remarquer que les testaments sont, dans notre droit, dispensés de la transcription, puisque l'article 1er de la loi de 1855 dit : « Seront transcrits : 1° Tout acte entre vifs..., excluant ainsi les actes pour cause de mort. Dès lors le légataire n'a pas fait transcrire son titre d'acquisition et si, plus tard, il demeure adjudicataire après délaissement, il sera propriétaire sans que les tiers aient été avertis de la muta-

(1) Voir : VERDIER, t. I, n° 209. — FLANDIN, t. I, n° 366. — TROPLONG. Priv. et hyp., t. IV, n° 969. — DURANTON, t. VIII, n° 527. — MOURLON, Rev. prat.. t. IV, p. 353. — TARRIBLE, Rep. v° Tiers détenteur, n° 15. — GRENIER, Donat., t. I, n° 97.

tion de propriété. Or, ici on ne peut plus alléguer que
la transcription du jugement d'adjudication ferait double
emploi avec celle du titre d'acquisition et on doit dire
qu'elle est nécessaire.

Mais, d'une part, nous avons dit que l'adjudication
sur délaissement prononcée au profit du délaissant ne
fait que confirmer son titre antérieur. Or le titre est ici
un legs et celui-ci est réputé connu de tous, aussitôt
après la mort du testateur; la transcription est remplacée
pour lui par cette présomption de publicité et tout se
passe comme s'il avait été transcrit. Par conséquent le
titre du légataire, n'ayant subi aucun changement par
suite du délaissement, n'a pas besoin d'une publicité
nouvelle pour produire ses effets.

D'autre part la vraie raison qui fait dispenser ici le
jugement d'adjudication de la transcription, c'est qu'il
n'opère pas de mutation et qu'on ne transcrit que les
actes translatifs.

Il n'y a donc aucune distinction à faire entre les acquéreurs à titre gratuit ou à titre onéreux; dans tous les
cas, lorsqu'après délaissement ils se portent adjudicataires de l'immeuble par eux délaissé, le jugement d'adjudication est confirmatif et la transcription est inutile (1).

(1) FLANDIN. t. 1. n° 567. — VERDIER. t. 1. n° 210.

SECTION III

Jugements d'adjudication déclaratifs.

Paragraphe unique.

Jugements d'adjudication sur licitation prononcée au profit
du cohéritier ou d. copartageant.

Nous savons que ces juge nents sont expressément
dispensés de la transcription par l'article 1er, n° 4, de la
loi de 1855. Nous avons vu, d'autre part, que la dispense
de transcription résultait pou. eux des principes mêmes
de la loi de 1855 qui ne soumet à cette formalité que
les actes translatifs de propriété, or la licitation est
assimilée au partage et est comme lui, simplement
déclarative.

Mais à quelles conditions en est-il ainsi ?

Il faut d'abord que la licitation soit prononcée au
profit d'un cohéritier ou d'un copartageant.

Il faut de plus qu'elle fasse cesser l'indivision entre
cohéritiers, et ici les interprètes sont loin de s'entendre
sur la portée de cette expression. Est-il indispensable
que l'indivision cesse complètement à l'égard de chaque
cohéritier, ou bien suffit-il qu'elle cesse à l'égard de
l'un d'eux. Si par exemple, nous nous trouvons en
présence de trois cohéritiers et que deux d'entr'eux
restent adjudicataires par indivis de l'immeuble licité,
devons-nous dire que la licitation est un partage, avec
effet déclaratif, et dispensée de la transcription, ou

devons-nous la regarder comme une vente ordinaire soumise à transcription ?

Si les auteurs sont divisés sur la question, la jurisprudence est depuis longtemps fixée dans le sens qui considère l'effet déclaratif du partage comme subordonné à la condition que l'indivision cesse d'une manière complète à l'égard de tous les copropriétaires. Elle est affirmée dans de nombreux arrêts et s'est maintenue jusqu'à aujourd'hui. (1)

Cependant une doctrine accorde au partage et à la licitation l'effet déclaratif alors même que l'indivision ne cesse qu'à l'égard de certains cohéritiers et subsiste à l'égard des autres.

Elle raisonne ainsi : Notre ancienne jurisprudence, continuant en cela la tradition du droit romain, n'exigeait pas pour qu'il y eût partage, que l'indivision cessât entre tous les copartageants ; nous en trouvons la preuve dans les ouvrages de Guyot et Pothier. La raison en était qu'on devait assimiler au partage non pas les actes ayant pour *effet* de faire cesser l'indivision, mais ceux ayant pour *objet* de la faire cesser, ceux qui précèdent le partage et en sont les préliminaires ; ils sont,

(1) Cass., 16 janv. 1827. D. 27. 1. 118. — 24 août 1829. D. 29. 1. 346. — 31 janv. 1832. D. 32. 1. 191. — 16 mai 1832. S. 32. 1. 602. — 27 mai 1835. S. 35. 1. 341. — 13 août 1838. S. 38. 1. 701. — 10 juin 1845. S. 45. 1. 808. — Colmar, 1er févr. 1855. D. 56. 2. 13. — Cass., 3 mars 1875. D. 76. 1. 369. — 23 avril 1884. D. 85. 1. 19. — 17 nov. 1890. D. 91. 1. 25. — Alger, 10 avril 1894. D. 94. 2. 462.

en effet, des parties intégrantes du partage et doivent être régis par les mêmes règles que lui.

Or ces règles de l'ancienne jurisprudence ont été conservées par les rédacteurs du Code. L'article 888, C. civ. considère en effet, comme partage tout acte ayant pour *objet*, et non pour *effet*, de faire cesser l'indivision. De plus il n'exige pas que l'indivision cesse entre *tous* les cohéritiers, mais seulement *entre cohéritiers*, or, si elle cesse à l'égard d'un seul, elle cesse bien entre cohéritiers. Et ainsi l'article 888 ne fait que reproduire la théorie de Guyot dont il emprunte même les termes.

D'ailleurs il résulte de la combinaison des articles 888 et 889 que l'action en rescision pour cause de lésion de plus du quart est admise contre tout acte qui fait cesser l'indivision même seulement à l'égard d'un cohéritier et notamment contre la vente de droits successifs faite à *l'un* des cohéritiers par ses autres cohéritiers ou par *l'un d'eux*, si elle n'a pas été faite à ses risques et périls. S'il en est ainsi, c'est que ces actes sont assimilés à des partages, puisque cette action en rescision est spéciale à ces derniers. (1)

Il nous semble, tout d'abord, que les partisans de la doctrine que nous venons d'exposer s'appuient à tort sur les articles 888 et 889; ces articles doivent être

(1) DUVERGIER. Vente, t. II, n° 147. — CHAMPIONNIÈRE et RIGAUD, t. III, n° 2734 et s. — MOURLON. *Transcript.*, n° 179. — Montpellier, 21 décembre 1844. D. 45 2. 150. — Metz, 20 déc. 1865. D. 66. 2. 10.

hors de cause. Ils ont pour but de sauvegarder l'égalité qui doit toujours exister entre cohéritiers ; chacun d'eux doit recevoir une part de biens égale à celle des autres et, s'il est lésé d'une façon quelconque, il peut exercer l'action en rescision contre ses cohéritiers. Or, pour le protéger davantage, le législateur a voulu favoriser la recevabilité de son action en rescision et, pour cela, il a considéré comme un partage tout acte qui fait cesser l'indivision même d'une façon incomplète.

Il faut d'ailleurs observer qu'il ne s'agit ici que des rapports entre cohéritiers ; or l'acte qui fait sortir un des cohéritiers de l'indivision constitue bien à son égard et à l'égard de ses cohéritiers un véritable partage, il est juste alors que, s'il est lésé, il puisse demander la rescision de cet acte contre ses copartageants ; mais, à l'égard des tiers, un acte qui ne fait pas cesser l'indivision d'une façon absolue ne sera pas considéré comme un partage.

Au contraire dans l'article 883, C. civ., le partage est considéré au point de vue des conséquences qu'il produit non seulement à l'égard des cohéritiers, mais aussi à l'égard des tiers ; c'est donc à lui seul que nous devons nous attacher pour discuter la question en cause.

Or, d'après les termes mêmes de cet article, il n'y a partage qu'autant que l'acte qui est intervenu a fait cesser l'indivision à l'égard de *chaque héritier*. L'acte ne sera donc pas un partage s'il ne fait cesser l'indivision qu'à l'égard d'un seul et la laisse subsister à l'égard

des autres. Il faut, d'ailleurs, observer ce texte à la
lettre car c'est une disposition exceptionnelle qui déroge
au principe que l'hypothèque suit la chose hypothéquée partout où elle passe et l'on ne peut pas étendre les
dispositions de ce genre au delà du terme fixé par la loi.

D'ailleurs l'article 883 renferme deux dispositions
corrélatives, qui ne peuvent s'appliquer à un partage
partiel et qui supposent un partage complet.

D'une part, chaque héritier est censé avoir succédé seul
et immédiatement à tous les effets compris dans son lot
ou à lui échus sur licitation ; d'autre part il est censé
n'avoir jamais eu la propriété des autres effets de la
succession. Or ces deux dispositions sont connexes et
servent de causes l'une à l'autre. Si chaque héritier
est réputé n'avoir jamais eu de droits sur les biens
composant les lots de ses cohéritiers, c'est que chacun
d'eux est réputé avoir été toujours propriétaire exclusif de ses biens. Or si deux cohéritiers restent adjudicataires des biens par indivis, on ne pourra pas dire que
chacun d'eux est propriétaire exclusif de sa part et, par
conséquent, il sera impossible de considérer l'autre
cohéritier, sorti d'indivision, comme n'ayant jamais eu
de droits sur ces biens. Dès lors on doit dire que l'adjudication n'a eu pour effet que d'enlever au cohéritier
sorti d'indivision les droits qu'il avait sur les biens vendus, pour les donner aux cohéritiers adjudicataires. Il
y a ainsi transfert de propriété, l'acte est translatif et
non déclaratif.

C'est, au surplus, l'interprétation la plus logique de l'article 883, car l'idée de partage éveille naturellement celle de cessation absolue de l'indivision ; tant que les biens restent indivis entre plusieurs cohéritiers, on ne peut pas dire que le partage a été effectué.

Aussi considérons-nous la théorie soutenue par la jurisprudence comme seule justifiée ; nous nous y rallions sans hésitation et nous pensons que les jugements d'adjudication sur licitation au profit de cohéritiers ou de copartageants ne devront être transcrits qu'autant que la licitation aura eu pour effet de faire cesser d'une façon absolue l'indivision (1).

(1) En ce sens : AUBERY et BAU, VI. § 625, notes 2 et 12. — FLANDIN, *Transcript.*, t. I, n° 199 et s. — DEMOLOMBE, t. XVII, n° 284.

DEUXIÈME PARTIE

De la transcription des jugements d'adjudication considérée comme formalité préliminaire de la purge des hypothèques inscrites.

————

La transcription a dans notre droit un double rôle, nous avons étudié le premier, au point de vue du transfert de la propriété, nous allons examiner maintenant le second, prévu au Liv. III, C. civ., tit. XVIII, chap. VIII, et qui consiste à servir de préliminaire à la purge des hypothèques inscrites.

Avant de rechercher quels sont les adjudicataires qui sont obligés de recourir aux formalités de la purge, il faut nous demander en quoi consiste exactement la purge des hypothèques inscrites.

Lorsqu'un créancier hypothécaire a eu le soin de sauvegarder ses droits sur l'immeuble hypothéqué, au moyen d'une inscription valablement prise, il peut, lorsqu'il n'est pas payé par son débiteur, et au moment qui lui plait, exercer contre le détenteur de l'immeuble une action hypothécaire qui aura pour résultat de retirer le bien des mains du détenteur, de le faire vendre aux enchères publiques et de procurer ainsi au créancier les fonds nécessaires à son paiement.

Si le détenteur est le débiteur lui-même, il ne peut pas se plaindre : en consentant une hypothèque à son créancier il lui a donné le droit de poursuivre le paiement de sa créance sur ses biens, ou droit de suite sur les immeubles ; il s'est formé entre eux un contrat d'après lequel le débiteur s'est engagé à payer ou à laisser le créancier vendre ses biens faute de paiement, tandis que le créancier s'engageait à renoncer à ses droits contre le débiteur en cas de paiement de la part de ce dernier. En poursuivant la vente des immeubles hypothéqués, le créancier ne fait donc qu'user du droit né de ce contrat et le débiteur qui s'opposerait à ses poursuites violerait ses engagements. S'il veut les éviter il n'a qu'à payer sa dette.

Au contraire, si le tiers détenteur est resté étranger à la constitution d'hypothèque il n'est plus tenu personnellement envers le créancier, mais il est tenu cependant en vertu de son titre de possesseur de l'immeuble hypothéqué et il doit supporter, aussi bien que le débiteur, la saisie et la vente des biens qui se trouvent entre ses mains. Mais le législateur a pensé qu'il était injuste de laisser ainsi le tiers détenteur exposé à l'éviction, car ce serait immobiliser les biens hypothéqués, rendre leur aliénation impossible par la raison que la crainte d'une éviction toujours possible de la part des créanciers éloignerait les acquéreurs. Aussi le législateur donne-t-il au tiers détenteur le moyen de conserver l'immeuble grevé d'hypothèques et lui permet-il de se mettre à l'abri du droit de suite des créanciers, en purgeant leurs hypothèques.

La purge consiste en effet de la part de l'acquéreur d'un immeuble hypothéqué à offrir aux créanciers inscrits de leur payer le prix de l'immeuble ou son estimation et à libérer ainsi le bien de tous les privilèges et hypothèques. C'est en somme un bénéfice légal en vertu duquel le tiers détenteur d'un immeuble fait disparaître les privilèges et hypothèques qui le grèvent et échappe aux conséquences de leur exercice en transportant le droit des créanciers de l'immeuble sur le prix.

Mais, à côté des hypothèques conventionnelles qui ne peuvent être utiles aux créanciers qu'autant qu'elles ont été inscrites sur le registre du conservateur des hypothèques, il y en a d'autres qui peuvent produire effet en dehors de toute inscription, ce sont les hypothèques légales de la femme mariée, du mineur et de l'interdit.

Celles-ci échappent plus facilement à la connaissance des tiers détenteurs des immeubles qu'elles frappent, en raison même de l'absence de publicité. Elles devaient donc disparaître comme les hypothèques conventionnelles. En effet, alors que ces dernières qui pouvaient être facilement connues lors de l'acquisition de l'immeuble, sont rendues inefficaces par la purge, à plus forte raison devait-il en être de même des premières, qui sont d'autant plus dangereuses qu'elles ne sont pas signalées à l'attention de l'acquéreur.

C'est pourquoi le législateur permet à ce dernier de débarrasser l'immeuble des hypothèques légales non inscrites, en usant d'un procédé spécial de purge prévu par les article 2193, 2194 et 2195 du C. civ. Cette purge diffère de la précédente en ce qu'elle tend, avant d'affranchir l'immeuble, à provoquer l'inscription des hypothèques légales et à les rendre ainsi publiques.

Mais parmi les formalités prescrites par l'art. 2194 pour atteindre ce résultat, nous ne voyons pas mentionnée la transcription, et dès lors on peut se demander si le tiers acquéreur est tenu de faire transcrire son titre avant d'accomplir les formalités requises.

Avant la loi de 1855 il n'y avait aucun doute, les seules formalités spéciales prescrites par l'art. 2194 suffisaient pour opérer la purge des hypothèques légales non inscrites. Par le seul effet de la convention la propriété de l'immeuble était transférée à l'acquéreur, non seulement à l'égard de l'aliénateur mais aussi à l'égard des tiers. Dès lors l'acquéreur avait immédiatement qualité pour opérer la purge des hypothèques légales grevant son fonds et il n'était pas tenu de faire transcrire son titre, puisque la loi ne le lui prescrivait pas.

Mais depuis la loi de 1855 peut-on en dire autant ? Nous ne le pensons pas. S'il est vrai que l'art. 2194 n'a pas été modifié et ne prescrit toujours pas la transcription préalable du titre, il n'est pas moins certain que d'après cette loi tout contrat translatif de propriété immobilière ne devient efficace à l'égard des tiers qu'autant que le titre translatif de propriété a été transcrit. Jusque là les tiers sont réputés ignorer le transfert de la propriété, ils conservent tous leurs droits sur l'immeuble et, par suite, peuvent toujours inscrire les hypothèques qui le frappent. Il en est ainsi aussi bien pour les créanciers à hypothèque légale, que pour les créanciers hypothécaires ordinaires. A leur égard, l'acquéreur qui n'a pas transcrit son titre n'a aucune qualité pour opérer la purge de leurs hypothèques et, s'il le fait, ils conservent le droit de prendre inscription malgré la purge.

D'ailleurs, cette purge ayant surtout pour but de provoquer l'inscription des hypothèques qui en sont dispensées, est sans utilité lorsque ces hypothèques ont été inscrites malgré la dispense ; ou bien encore lorsque, dans l'année qui suit la disparition de l'incapacité du bénéficiaire, par suite de la dissolution du mariage, ou de la cessation de la tutelle, celui-ci a inscrit son hypothèque, conformément à la prescription de l'art. 8 de la loi de 1855. Dans les deux cas on se trouve en présence d'une hypothèque inscrite et, pour la purger, il faut avoir recours à la purge ordinaire (1.

(1) AUBRY et RAU. t. III, § 293, bis 4° texte et n° 38. — § 269 2° lettres b et c. — TROPLONG, *Transcription*. n° 318.

Quant aux hypothèques conventionnelles qui n'ont pas été inscrites avant la transcription de l'acte d'aliénation, on dit aussi qu'*elles sont purgées* par cette transcription. Mais nous ne devons pas nous laisser tromper par les mots : la transcription ne produit pas ici les effets d'une purge ordinaire qui éteint une hypothèque existant et pouvant être opposée à celui qui purge ; elle rend seulement impossible pour l'avenir l'inscription des hypothèques antérieurement consenties. Ces hypothèques n'ayant jamais été inscrites, n'ont jamais eu d'existence légale et par conséquent ne peuvent pas être éteintes par la transcription. Elles n'ont, jusque là, pu produire aucun effet, la transcription survenue avant leur inscription s'opposera désormais à ce qu'elles puissent en produire plus tard.

Nous ne devons donc étudier ici que la purge des hypothèques inscrites et celle des hypothèques légales dispensées d'inscription, qui exigent toutes deux une transcription préliminaire.

Quelle est l'utilité de cette transcription?

Relativement aux hypothèques conventionnelles elle a d'abord pour intérêt de limiter le temps pendant lequel les créanciers hypothécaires peuvent prendre inscription. « Les créanciers hypothécaires ou privilé- « giés du précédent propriétaire, nous dit Troplong (1), « sont en général déchus du droit de s'inscrire après la

(1) Troplong, *Transcription*, n° 260.

« transcription de l'aliénation et, par suite, privés du
« bénéfice de leur hypothèque ou de leur privilège. En
« d'autres termes, l'immeuble est purgé des droits réels
« de préférence qui, avant la transcription, n'ont pas
« été dûment publiés. » Il suit de là que la transcription
a pour effet de déterminer d'une façon précise et définitive les créanciers auxquels le tiers détenteur devra
faire les notifications prescrites par l'art. 2183, puisqu'elles ne doivent être faites qu'aux seuls créanciers
inscrits.

La transcription a encore un intérêt plus grand, c'est
de donner aux créanciers inscrits, ayant reçu l'offre de
paiement de l'acquéreur, tous les renseignements nécessaires pour prendre parti. En effet, avant d'accepter les
offres du tiers détenteur, ils ont besoin de savoir si le
prix offert correspond bien à la valeur approximative
de l'immeuble. Sans doute l'art. 2183 prescrit que, dans
ce but, notification leur soit faite d'un extrait du
titre d'acquisition contenant : le nom et la désignation
précise du vendeur ou donateur ; la nature et la situation
de l'immeuble acquis ou la dénomination générale du
domaine ; le prix d'acquisition et les charges ou l'éva-
luation de l'immeuble, et il semble bien que les créanciers trouveront dans ce document tous les renseignements dont ils ont besoin. Mais cet extrait peut être
insuffisant; l'examen du titre tout entier peut leur être
indispensable et alors fallait-il obliger le tiers détenteur à en signifier une copie à chacun des créanciers ?

C'eût été exiger de lui une formalité longue et onéreuse. Le législateur a jugé plus simple d'ordonner la transcription de ce titre au bureau des hypothèques de l'arrondissement dans lequel sont situés les immeubles. Les créanciers peuvent ainsi facilement le consulter et y puiser les renseignements complémentaires dont ils ont besoin.

Relativement aux hypothèques légales non inscrites, la transcription n'a pas la même utilité : elle ne peut pas arrêter le cours des inscriptions ; elle n'est pas indispensable pour procurer aux créanciers les renseignements sur la valeur de l'immeuble, puisque l'art. 2194 prévoit le dépôt au greffe du tribunal de première instance du lieu de la situation des immeubles d'une copie intégrale du titre et que les intéressés peuvent consulter aussi facilement que l'acte transcrit au bureau des hypothèques. Mais nous avons vu qu'elle avait pour utilité ici de donner au tiers détenteur qualité pour opérer la purge et de rendre celle-ci efficace.

Nous avons ainsi établi la nature et les effets de la purge. Nous allons maintenant rechercher quels sont les adjudicataires qui sont tenus de purger et par suite de transcrire. Mais auparavant nous verrons quelques jugements d'adjudication opérant purge par eux-mêmes et pour lesquels l'adjudicataire est dès lors dispensé de purger et de transcrire.

CHAPITRE PREMIER

JUGEMENTS D'ADJUDICATION QUI OPÈRENT PAR EUX-MÊMES
PURGE DES HYPOTHÈQUES INSCRITES.

Nous venons de voir que la procédure de la purge a pour but de déterminer le juste prix de l'immeuble hypothéqué et d'en fixer la valeur à la somme offerte par l'adjudicataire aux créanciers. Mais il est des cas dans lesquels le prix d'adjudication de l'immeuble ne peut pas être contesté, parce que les formalités de la vente sont de telle nature qu'on doit considérer le prix atteint par l'immeuble comme représentant exactement sa valeur et, dès lors, il devient inutile de procéder à la purge. Il en est ainsi des jugements d'adjudication sur saisie immobilière, sur conversion de saisie, sur surenchère et sur folle enchère.

§ I. — Jugement d'adjudication sur saisie immobilière

La saisie immobilière a été établie dans le but d'assurer aux créanciers le paiement de leurs créances en retirant leur gage des mains de leur débiteur, en le faisant vendre aux enchères publiques et en se partageant le prix ainsi obtenu. On s'est toujours efforcé d'ailleurs de maintenir l'égalité entre les créanciers et, pour cela, on a eu recours à des formalités, qui ont varié suivant les époques, mais qui toutes avaient pour but de les prévenir que des poursuites étaient commencées contre le débiteur et qu'ils devaient faire en sorte de sauvegarder leurs droits. Si, malgré ces avertissements, ils négligeaient d'accomplir les mesures conservatoires prescrites, après la vente, ils perdaient le bénéfice de leurs droits.

C'est ainsi que dans l'ancien droit un édit, rendu par Henri III en 1551, ordonnait, en cas de saisie réelle, que des criées seraient faites, par un huissier ou un sergent, le dimanche, à l'issue de la messe paroissiale des paroisses où les héritages saisis sont situés, afin d'avertir les intéressés que les immeubles saisis seraient vendus et adjugés par décret. Les créanciers hypothécaires, qui voulaient conserver leurs droits sur les biens décrétés, devaient alors former une opposition dite à *fin de conserver*, qui leur permettait d'être colloqués utilement sur le prix à provenir des héritages vendus. Mais, s'ils n'avaient pas fait cette opposition avant la levée du décret d'adjudication, ils perdaient leurs hypothèques. C'est ce qui fait dire à Loysel qu' « un décret nettoie toutes hypothèques » (1) et à Pothier : « l'héritage adjugé par décret est transféré à l'adjudicataire avec les seules charges exprimées par l'affiche ; le décret purge toutes les autres et éteint tous les droits de propriété et autres. » (2)

Dans notre droit il en est de même : malgré la grande

_____

(1) *Institutes Cout.* Liv. VI, tit. V, reg. 15.
(2) *Tr. de proc. civ.*, 4ᵉ partie, chap. II. art. 11, § 8, p. 592.

publicité dont est entourée la procédure d'expropriation et qui suffirait à prévenir les créanciers inscrits, la loi ordonne qu'une sommation soit faite à chacun d'eux de pren_ dre communication du cahier des charges, de fournir ses observations et d'assister à la lecture et publication qui en sera faite, ainsi qu'à la fixation du jour de l'adjudication. (Art. 692, C. pr.)

Ainsi prévenus, les créanciers seront à même de prendre toutes les mesures nécessaires pour sauvegarder leurs droits. S'ils se montrent négligents, leurs droits seront éteints, ils perdront leur rang hypothécaire et deviendront simples créanciers chirographaires.

Ce résultat était admis, malgré l'absence de texte formel à ce sujet dans le Code, mais une controverse s'était élevée sur le point de savoir si les hypothèques légales dispensées d'inscription étaient également purgées par l'adjudication. Les uns admettaient l'affirmative (1) et la Cour de cassation avait d'abord adopté leur opinion (2). Mais par un arrêt du 22 juin 1833 (3), la Cour suprême a abandonné sa jurisprudence précédente et admis que si l'adjudication purgeait les hypothèques conventionnelles, elle ne pouvait pas purger les hypothèques légales qui restaient intactes entre les mains de leurs titulaires Cette nouvelle théorie est

(1) TROPLONG, *Hypoth.*, t. IV n° 996. — GRENIER, t. II n° 490.
(2) 27 nov. 1811. S. 12, 1, 17.. — 21 nov. 1822. S. 22, 1. 214. — 30 août 1825. S. 26, 1. 65. — 26 juillet 1831, D. 31. 1. 251.
(3) S. 33. 1. 448.

d'ailleurs affirmée dans une suite d'arrêts postérieurs (1) et soutenue par MM. Delvincourt et Dalloz (2).

La loi du 21 mai 1858 a mis fin à cette controverse en décidant que le jugement d'adjudication dûment transcrit purge *toutes* les hypothèques et que les créanciers n'ont plus d'action que sur le prix. (Art. 717, C. pr.)

Seulement, s'il est établi aujourd'hui, que les hypothèques légales sont purgées en même temps que les autres, une difficulté plus grave a surgi des termes mêmes de l'article 717, C. pr. Il dit, en effet, que c'est le jugement d'adjudication *dûment transcrit* qui purge les hypothèques. Dès lors, doit-on dire que la purge se produit comme auparavant au jour de l'adjudication, ou bien, au contraire, qu'elle ne se produit qu'au jour de la transcription du jugement d'adjudication?

La question a un grand intérêt. Si on admet la seconde hypothèse, on sera obligé de dire que les créanciers hypothécaires, conservant leurs droits jusqu'à la transcription, restent jusqu'à ce moment soumis aux obligations qui y sont attachées et, par conséquent, sont tenus de renouveler les inscriptions qui pourraient être périmées dans l'intervalle compris entre l'adjudication et la transcription. On devra dire que si un créancier néglige de renouveler une hypothèque périmée dans cette période, il perdra son droit hypothécaire et tombera au rang d'un créancier dépourvu d'inscription.

(1) 30 juillet 1834. S. 34. 1. 525. — 26 mai 1836. S. 36. 1, 775. — 18 déc. 1839, S. 40. 1 137. — 27 mars 1844. S. 45. 1. 20.
(2) DELVINCOURT, t. III. p. 361. — DALLOZ, *Hypoth.*, p. 388, n° 8.

Si, au contraire, on admet la première hypothèse, on dira que, à partir de l'adjudication, le droit des créanciers inscrits s'est transformé et qu'au lieu de porter sur l'immeuble hypothéqué, il porte sur le prix d'adjudication ; qu'ils n'ont plus, en somme, de droit de suite, mais seulement un droit de préférence qui leur assure le paiement de leurs créances. Dès lors leur droit est définitif ; n'ayant plus à poursuivre la réalisation de l'immeuble, ils n'ont plus besoin de leur action hypothécaire et ils n'ont plus intérêt à conserver leur hypothèque ; si elle est périmée après l'adjudication, leur droit n'en reste pas moins entier.

La doctrine et la jurisprudence sont très divisées sur la question. La Cour de cassation s'est cependant prononcée formellement pour la seconde solution qui ne considère la purge comme opérée que par la transcription du jugement d'adjudication. L'arrêt le plus récent est celui rendu le 4 mai 1891, sur pourvoi formé par Mgr de Peretti contre un arrêt de la cour de Bastia du 30 avril 1888. (1)

La Cour, reprenant les motifs de la cour de Bastia, fait une distinction entre la législation qui précédait les lois de 1855 et 1858 et celle qui est aujourd'hui en vigueur.

Auparavant la propriété de l'immeuble était transférée à l'adjudicataire par le seul effet de l'adjudication. A ce moment le débiteur était dépouillé défininitive-

(1) S. 91. 1. 373.

ment et il ne pouvait plus consentir d'hypothèques sur le bien vendu, par conséquent, il était inutile pour les créanciers de renouveler leurs hypothèques.

D'autre part le jugement d'adjudication transformait le gage des créanciers en un prix fixé et faisait disparaître le droit de suite en ne laissant subsister que le droit de préférence ; l'hypothèque avait donc produit tout son effet à ce moment et n'avait pas besoin d'être maintenue.

Au contraire la loi de 1855 ordonne la transcription de tous les actes translatifs de propriété et, dans son article 6, autorise les créanciers à s'inscrire jusqu'à la transcription. L'adjudication est donc maintenant insuffisante pour opérer le transfert de propriété à l'égard des tiers. Jusqu'à la transcription le débiteur reste propriétaire, il peut consentir des hypothèques sur l'immeuble et, par suite, les créanciers ont intérêt à conserver leurs hypothèques.

C'est la transcription qui investit l'adjudicataire au regard des tiers et c'est à ce moment que ce dernier devient débiteur direct du prix envers les créanciers hypothécaires. C'est donc elle seule qui transforme le gage des créanciers en un prix et qui fait produire effet à l'hypothèque, le nouvel article 717, C. pr., le dit expressément puisqu'il exige que le jugement soit *dûment transcrit*. (1)

(1) Dans le même sens : Cass., 22 janv. 1877, D. 77.1.249. — Aix, 10 juin 1884. Nîmes, 11 juillet 1884. S. 84.2.155. — Trib. de

Nous pensons cependant que c'est l'adjudication sur saisie immobilière qui purge les hypothèques et non la transcription du jugement. Pour nous la loi de 1855 n'a fait qu'établir une formalité de publicité qui ne modifie en rien les conséquences juridiques des actes qu'elle y soumet.

Or les créanciers inscrits ont une situation identique avant ou après la transcription du jugement d'adjudication. On nous dit, en effet, que cette transcription *purge* les hypothèques. Qu'est-ce à dire, sinon que les hypothèques sont éteintes sous la condition que l'adjudicataire paiera les créanciers ou, en d'autres termes, que le prix de l'immeuble est définitivement fixé et ne peut plus être discuté par les créanciers qui sont forcés de l'accepter sans pouvoir surenchérir du dixième.

En est-il autrement avant la transcription ? Les créanciers ont reçu des notifications individuelles qui les ont mis en cause et les ont rendus parties à la procédure de saisie ; ils ont pu assister à la vente, surveiller les enchères et, à leur égard, l'immeuble est réputé avoir atteint le maximum de sa valeur. A partir de l'adjudication les droits des créanciers hypothécaires sont transportés de l'immeuble sur le prix, il s'est formé un véritable contrat en vertu duquel l'adjudicataire est devenu débiteur direct du prix envers les créanciers.

Cahors, 25 janvier 1892. S. 92.2.418. — TROPLONG, *Transcript.*, t. II, n° 272. — SELIGMAM, n° 72 et 82. — OLLIVIER et MOURLON, n° 235. — DALLOZ, *Jur. gén.*, v° vente publ. d'immeubles, n° 1816.

Dès lors, l'adjudication met un terme au droit hypothécaire des créanciers, ils ne peuvent plus rien réclamer à l'adjudicataire.

Sans doute ils peuvent faire surenchère du sixième dans les huit jours qui suivent l'adjudication, mais, d'une part, ils ne font ainsi qu'user du droit appartenant à *toute personne* et non de leur droit hypothécaire, et, d'autre part, la transcription n'est pas un empêchement à cette surenchère qui peut intervenir alors même que, par extraordinaire, le jugement d'adjudication aurait été transcrit dans la huitaine de l'adjudication.

Par conséquent la transcription ne peut enlever aucun droit aux créanciers inscrits, l'adjudication suffit à éteindre leur action hypothécaire, c'est-à-dire à purger les hypothèques.

Dès lors nous ne pouvons pas admettre que l'obligation du renouvellement des hypothèques ne cesse pour les créanciers qu'au jour de la transcription du jugement d'adjudication. Sans doute on nous dit, qu'en vertu de l'article 6 de la loi de 1855, c'est la transcription seule qui arrête le cours des inscriptions, puisque des inscriptions nouvelles peuvent être prises jusque là. Mais il ne s'en suit pas que les créanciers inscrits soient forcés de renouveler leurs inscriptions. Nous venons de voir que leur droit leur est acquis irrévocablement et il serait superflu de prendre désormais des mesures nécessaires à sa conservation.

D'ailleurs, si l'article 6 de la loi de 1855 permet de prendre inscription jusqu'à la transcription, cette mesure ne peut pas porter atteinte aux droits acquis par les créanciers inscrits avant l'adjudication et envers lesquels l'adjudicataire était obligé au paiement du prix.

Quelle va être la situation des nouveaux inscrits ? Va-t-on admettre qu'ils acquerront jusqu'à la transcription un droit hypothécaire complet qui leur permettra d'exercer le droit de suite sur l'immeuble ? Mais les retardataires seraient ainsi plus avantagés que les autres. Nous disons qu'ils vont être dans la même situation que les premiers inscrits, c'est-à-dire qu'ils prendront rend à leur suite pour le paiement de leurs créances, qu'ils n'auront comme eux qu'un droit de préférence sur le prix, mais qu'ils n'auront pas de droit de suite.

Et si l'article 717 C. pr. exige la transcription du jugement d'adjudication, c'est uniquement au point de vue du transfert de la propriété à l'égard des créanciers hypothécaires. Il veut ainsi éteindre dans l'intérêt de l'adjudicataire tous les privilèges et hypothèques non encore rendus publics, mais il ne veut pas faire de la transcription une formalité nécessaire à la purge. Pour les créanciers inscrits après l'adjudication, comme pour les autres, il ne peut être question que d'un droit sur le prix, donc le jugement d'adjudication a, par lui seul, transporté le droit des créanciers de l'immeuble sur le

prix et c'est le résultat de la purge auquel la transcrip
tion n'ajoute rien.

« En conséquence, disent MM. Aubry et Rau, (1) le
jugement d'adjudication sur expropriation forcée purge
non seulement les hypothèques constituées et inscrites
avant la saisie, mais encore celles qui l'ont été, soit au
cours de la poursuite, soit même entre le jugement et sa
transcription. » (2)

Mais si nous arrivons à cette conséquence, c'est parce
que les créanciers ont été liés à la procédure de saisie
au moyen de notifications personnelles. Que déciderons-
nous s'ils n'ont pas reçu ces notifications ?

Nous devons ici faire une distinction car l'absence de
notifications peut avoir plusieurs causes : ou bien le
conservateur des hypothèques a omis un créancier dans
l'état des inscriptions délivré au poursuivant ; ou bien
un créancier ne s'est inscrit qu'après les notifications ;
ou bien enfin le poursuivant a négligé d'adresser des
notifications à tous les créanciers.

Dans le cas où l'omission est imputable au conservateur, la question est réglée par l'article 2198, C. civ.,
qui décide que l'immeuble à l'égard duquel le conser-

---

(1) T. 3, n° 499.

(2) En ce sens : MERLIN, v° Sais-Immob., p. 244, 3° — AUBRY et
RAU, t. III, p. 375, n° 4. — Caen, 9 mai 1871. S. 72. 2. 225. — Trib.
de la Seine, 23 mai 1881. J. le Droit, 2 juin 1881. — Cass., 30 juillet 1873. D. 74. 1. 106. — Paris, 27 avril 1877. D. 77. 2. 144 et, sur
pourvoi, Cass., 6 mai 1878. D. 79. 1. 87. — Agen, 16 nov. 1886,
S. 87. 2. 228. — Toulouse, 1er mars 1889. S. 90. 2. 129.

vateur aurait omis dans ses certificats une ou plusieurs des charges inscrites, en demeure, sauf la responsabilité du conservateur, affranchi dans les mains du nouveau possesseur. Par conséquent, l'hypothèque du créancier omis est purgée comme les autres ; il n'a, comme les autres créanciers, que le droit de produire à l'ordre à son rang.

Il en sera de même pour le créancier qui se sera inscrit tardivement, après que les notifications auront été faites par le poursuivant. Il s'est montré négligent, on ne peut lui donner le droit de discuter le prix d'adjudication, il n'a que le droit de produire à l'ordre.

Mais si l'omission est imputable au poursuivant, elle ne peut nuire aux créanciers omis, par la raison qu'ils devaient être parties essentielles dans la procédure et qu'ils ne doivent pas souffrir d'un acte auquel ils sont restés étrangers. L'adjudication accomplie sans qu'ils y aient été appelés est donc nulle à leur égard et leurs hypothèques restent intactes sur l'immeuble ; ils peuvent donc l'exercer contre l'adjudicataire et contre tous ceux qui pourront acquérir l'immeuble par la suite. (1)

§ II. — **Jugement d'adjudication sur conversion de saisie**

Nous avons vu que la saisie immobilière peut, à la demande des intéressés, être convertie en une vente volontaire ; l'adjudication sur conversion de saisie purgera-t-elle les hypothèques inscrites ?

(1) CHAUVEAU. S. Carré, n 2403.

On fait ici une distinction qui est d'ailleurs indiquée par l'article 743, C. pr., lorsqu'il dit : « Seront regardés comme seuls intéressés, avant la sommation prescrite par l'article 692, le poursuivant et le saisi, et, après cette sommation, ces derniers et tous les créanciers inscrits. » On distingue selon que la conversion a lieu avant ou après les sommations faites aux créanciers inscrits de prendre connaissance du cahier des charges.

Si la conversion est prononcée avant ces sommations, on s'accorde pour assimiler l'adjudication à une vente volontaire : elle est donc soumise aux règles qui régissent celle-ci et l'adjudicataire est tenu d'accomplir les formalités de la purge.

C'est ce qu'exprime fort bien un jugement du tribunal de Vervins, dont les motifs ont été repris, après appel, par la Cour d'Amiens, dans un arrêt du 17 mai 1851 (1) : Attendu que l'hypothèque est un droit réel qui permet au créancier de suivre l'immeuble en quelques mains qu'il passe. — Attendu que ce droit ne peut disparaître que par l'effet de la purge exécutée conformément aux dispositions des articles 2181 et suivants du Code civil, ou, conformément à la jurisprudence, par une adjudication publique sur expropriation forcée. — Attendu que, s'il en est ainsi dans ce dernier cas, cela ne tient qu'à cette seule considération que les créanciers hypothécaires, ayant été appelés dans l'ins-

(1) S. 51. 2.344.

tance en expropriation, ont pu faire monter l'immeuble en garantie à sa plus juste valeur. — Attendu que la même considération n'existe pas dans la vente sur conversion, lorsque les créanciers n'ont été ni appelés, ni avertis, que, dès lors, cette vente ne peut opérer par elle-même le purgement virtuel, ni porter atteinte à l'exercice complet des droits hypothécaires (1).

Si, au contraire, la conversion est prononcée après les sommations, l'adjudication conserve les caractères d'adjudication sur saisie. En effet, ces sommations ont eu pour effet de lier les créanciers à la procédure de saisie; ceux-ci sont, dès ce moment, parties à cette procédure et la conversion de la saisie ne peut avoir lieu que s'ils le jugent à propos et s'ils donnent leur consentement. Dès lors, si elle se produit, ils ne peuvent pas l'ignorer, ils peuvent toujours surveiller la vente de leur gage, stimuler les enchérisseurs et faire ainsi porter le prix de l'immeuble à sa véritable valeur. Tout se passe comme si l'expropriation forcée s'était achevée, les créanciers conservent la même situation et les mêmes prérogatives que pour celle-ci, dès lors ils ne peuvent plus contester le prix d'adjudication et provoquer une surenchère du dixième, le prix demeure définitif et les créanciers n'ont plus qu'un droit de préférence.

Par conséquent ici le jugement d'adjudication opère par lui-même la purge des hypothèques inscrites et

(1) En ce sens : Orléans 5 août 1853. S. 53. 2. 503. — TROPLONG, *Priv. et hyp.*, t. IV, n° 909.

l'adjudicataire est dispensé des formalités prescrites
par les articles 2181 et suivants du Code civil (1).

§ III. — Jugements d'adjudication sur surenchères.

Nous savons qu'il existe deux sortes de surenchères :
d'une part la surenchère du sixième qui peut être
provoquée par toute personne dans les huit jours qui
suivent l'adjudication et qui ne peut se présenter
qu'après une vente judiciaire, que ce soit une adjudication sur expropriation forcée ou une vente volontaire
telle qu'une licitation, une vente de biens de mineurs
ou d'interdits, une vente d'immeubles appartenant à
une femme dotale, etc. Une surenchère de même nature
est autorisée après la vente des biens d'un failli, mais
avec élévation d'enchères du dixième seulement.

D'autre part la surenchère du dixième qui ne se présente qu'à la suite d'aliénations volontaires et qui ne
peut être exercée que par les seuls créanciers inscrits
dans les quarante jours qui suivent les notifications
qu'ils ont reçues de l'acquéreur à fin de purge.

Or certaines adjudications peuvent donner lieu aux
deux sortes de surenchères. Ainsi une vente de biens de
mineur est faite aux enchères publiques : comme vente
judiciaire elle donne ouverture à la surenchère du
sixième ; comme vente volontaire elle autorise la suren-

(1) En ce sens : AUBRY et RAU, t. III, p. 502 note 16. — OLLIVIER
et MOURLON, n° 252 et 460. — SELIGMAN, n° 731. — Dijon, 24 mars
1847. S. 47, 2, 410. — Orléans, 23 nov. 1888. D. 90, 2, 245.

chère du dixième. D'où la question de savoir si, après l'exercice de la surenchère autorisée au profit de toute personne, les créanciers inscrits peuvent provoquer la surenchère qui leur est réservée en refusant les offres qui leur sont faites par l'adjudicataire.

Il faut répondre par la négative. Dès qu'il y a une adjudication sur surenchère, la purge des hypothèques inscrites est réputée complète et définitive, les créanciers ne peuvent plus provoquer la revente de l'immeuble, « surenchère sur surenchère ne vaut », dit la maxime.

Et cela se conçoit à la suite d'une surenchère du sixième. L'immeuble a été vendu deux fois en justice, on peut considérer que cette double adjudication offre des garanties suffisantes pour faire regarder le prix atteint par l'immeuble comme le maximum de sa valeur. C'est ce que disait M. Persil dans son rapport sur la loi de 1841 : « On ne peut vouloir qu'une chose dans l'intérêt des propriétaires comme des créanciers : c'est porter le prix d'un immeuble à sa juste et véritable valeur ; et quand, par une double adjudication, on a deux fois subi la chaleur des enchères, il est certain que le prix correspond à la valeur de l'immeuble, s'il ne l'a dépassée. »

Cela se conçoit aussi dans le cas où une vente volontaire a été suivie d'une surenchère du dixième. L'adjudication est alors provoquée par les créanciers qui ont pu surveiller les opérations de la vente et, à leur

égard, le prix atteint par l'immeuble est réputé le plus
élevé qu'il puisse atteindre : le prix est donc définitif et
les créanciers ne peuvent être admis à le discuter en
provoquant une seconde surenchère. Dans les deux
hypothèses, le jugement d'adjudication sur surenchère
purge donc les hypothèques qui frappent l'immeuble
surenchéri.

Mais cette règle est-elle absolue ? La purge s'applique-
t-elle à toutes les hypothèques même légales ? Le Code
de procédure fait ici une distinction incompréhensible
et qui n'a pas de raison d'être : l'adjudication sur surenchère du sixième purge les hypothèques légales ; l'adjudication sur surenchère du dixième ne les purge pas,
l'acquéreur est, dans ce dernier cas, obligé d'avoir
recours aux formalités de l'article 2194, C. civ. Cette
différence tient sans doute à ce que dans le premier cas
les créanciers à hypothèques légales ont été avertis et
qu'ils ne l'ont pas été dans le second.

En effet, en cas de vente forcée, l'article 692, C. pr.,
prescrit au poursuivant de faire aux créanciers incapables les mêmes sommations qu'aux autres créanciers
et de les inviter ainsi à intervenir à la saisie, à en
surveiller les opérations et à inscrire leurs hypothèques avant la transcription du jugement d'adjudication. Ils sont ainsi soumis au droit commun et, si
une surenchère se produit, le droit commun continue
à leur être appliqué, par conséquent leurs hypothèques
doivent être purgées virtuellement par l'adjudication

sur surenchère, c'est ce que déclare formellement l'article 717, C. pr.

Au contraire, dans le cas d'une vente volontaire, le dernier alinéa de l'article 838, C. pr. ajouté par la loi de 1858, déclare « qu'après le jugement d'adjudication par suite de surenchère, la purge des hypothèques légales, si elle n'a pas eu lieu, se fait comme au cas d'aliénation volontaire. » C'est dire que les hypothèques inscrites seules sont purgées et que les hypothèques occultes restent intactes.

Mais alors on devrait dire que, si ces hypothèques subsistent, les créanciers incapables mis en demeure par l'adjudicataire et qui prennent inscription dans les deux mois, auront le droit de provoquer la surenchère du dixième, puisque c'est là un des attributs de l'hypothèque et l'on irait ainsi contre le principe établi par la maxime : surenchère sur surenchère ne vaut.

Nous pensons que dans ce cas les créanciers incapables n'ont pas le droit de surenchérir. D'abord l'alinéa précédent du même article 838 dit expressément que l'adjudication par suite de surenchère sur aliénation volontaire ne pourra être frappée d'aucune autre surenchère. Cette disposition, antérieure à la loi de 1858, n'a pas été modifiée par elle, c'est donc que le législateur a voulu la laisser en vigueur.

D'autre part, nous font remarquer MM. Aubry et Rau (1), la purge légale a uniquement pour objet de

(1) T. 4. §. 293 bis, note 7.

mettre les créanciers en demeure de s'inscrire dans le délai fixé mais ne leur donne pas le droit de former une nouvelle surenchère du dixième. Leur droit est comme celui des créanciers inscrits, converti en un droit sur le prix dû par l'adjudicataire, ils n'ont, comme eux, qu'un droit de préférence qui leur permet de produire à l'ordre.

Et, s'il en est ainsi, nous ne voyons plus la nécessité de conserver la disposition dernière de l'article 838, C. pr. Il n'admet pas la purge virtuelle des hypothèques légales produite par une adjudication sur surenchère du dixième, mais nous venons de démontrer qu'après la mise en demeure de l'adjudicataire et l'inscription de leurs hypothèques, les créanciers incapables ne peuvent pas surenchérir à nouveau et sont dans la même situation que les créanciers inscrits. Dès lors le résultat est le même et il serait beaucoup plus simple d'unifier le système et de dire que l'adjudication sur surenchère après aliénation volontaire purge les hypothèques légales aussi bien que l'adjudication après saisie.

D'autant qu'il existe entre les deux opérations une grande analogie que faisait bien ressortir le rapport de M. Persil ; il disait : « La surenchère du dixième fait de la vente originairement volontaire une vente forcée dans toute l'étendue de l'expression, et l'adjudication qui en est le terme doit avoir le même effet que l'adjudication intervenue à la suite d'une saisie immobilière.

§ IV. — Jugement d'adjudication sur folle enchère.

Nous avons vu qu'à la suite de l'adjudication sur folle enchère le droit de propriété du fol enchérisseur était résolu, mais qu'il n'en était pas de même de la première adjudication, qui n'est pas réputée non avenue et dont certains effets subsistent : c'est ainsi que le fol enchérisseur reste tenu de payer la différence entre son prix d'adjudication et celui de la revente sur folle enchère et que l'ordre clos sur la première adjudication ne doit pas être rouvert.

A l'aide de ces principes nous pourrons résoudre plus facilement la question de savoir si le jugement d'adjudication sur folle enchère purge les hypothèques inscrites.

Et d'abord, puisque le droit de propriété du fol enchérisseur est résolu, il doit en être de même de tous les droits réels qu'il a consentis sur l'immeuble et qui n'ont pu l'être qu'en vertu de son droit de propriété ; on applique ici l'adage : *resoluto jure dantis resolvitur jus accipientis*. Par conséquent la purge des hypothèques consenties par le fol enchérisseur est inutile.

D'autre part, si le fol enchérisseur avait déjà purgé les hypothèques constituées par le précédent propriétaire, la purge reste valable et le dernier adjudicataire n'a pas besoin de la renouveler.

En effet, nous savons que la folle enchère n'efface pas la première adjudication, le fol enchérisseur ayant acquis valablement l'immeuble était tenu de payer le prix aux créanciers et de faire tout ce qui était nécessaire pour en opérer la répartition. La purge n'étant qu'un des préliminaires de l'ordre, doit subsister comme lui, d'autant que le fol enchérisseur ayant qualité pour payer, avait aussi qualité pour purger. L'adjudicataire définitif étant substitué au fol enchérisseur, la purge accomplie par ce dernier sera réputée accomplie par l'adjudicataire qui ne sera plus tenu d'en accomplir les formalités (1).

Nous n'avons donc à nous préoccuper que du cas dans lequel le fol enchérisseur n'aurait pas purgé. Ici nous distinguerons : si la première vente opérait par elle-même purge des hypothèques, si c'était, par exemple, une adjudication sur saisie immobilière, le jugement d'adjudication sur folle enchère produira les mêmes effets et les créanciers hypothécaires ne pourront plus surenchérir du dixième. Si la première vente était volontaire, n'opérait pas purge par elle même, le droit de surenchère reste intact et le nouvel adjudicataire est tenu de purger.

Cette solution, qui est aujourd'hui unanimement admise en doctrine et en jurisprudence, avait été cependant contestée par M. Paul Pont, qui soutenait que, la surenchère du sixième étant généralement refusée aux créanciers inscrits à la suite d'une folle enchère, il devait en être de même, par analogie, de la surenchère,

(1) Cass., 21 juillet 1863. S. 63, 1. 489.

du dixième ; que le prix fixé entre le vendeur et le fol enchérisseur est définitif puis qu'aux termes de l'article 740
C. pr., ce dernier est tenu de la différence entre son prix
et celui de la revente sur folle enchère ; qu'enfin la possibilité de surenchérir laissée aux créanciers « éternise-
rait l'incertitude de la propriété par des folles enchères
successives. »

Il est vrai qu'aujourd'hui les auteurs et la jurisprudence reconnaissent que la surenchère du sixième est
impossible à la suite d'une adjudication sur folle
enchère (1), mais on ne peut en conclure, par analogie,
qu'il en est de même de la surenchère du dixième.

En effet la surenchère du sixième est accordée à toute
personne, elle ne découle pas d'un droit préexistant
susceptible d'être amoindri par l'interdiction de surenchérir. Au contraire la surenchère du dixième est
réservée aux seuls créanciers hypothécaires, elle dérive
de leur droit de suite et, si on l'interdisait, on porterait
atteinte à un droit acquis. C'est pourquoi la loi reconnaît toujours aux créanciers le droit de provoquer la
surenchère du dixième après une vente volontaire et
ne contient aucune disposition tendant à le leur enlever.
Il est vrai qu'une interdiction formelle n'existe pas non
plus pour la surenchère du sixième, mais elle résulte

(1) Cass. 10 janv. 1844. S. 44. 1. 97. — 24 Déc. 1845. S. 46. 1. 182.
— 30 juin 1847. S. 47. 1. 679. — 4 août 1851. S. 51. 1. 434. — 11
mars 1863. S. 63. 1. 380. — 26 avril 1881. D. 81. 1. 405. — 24 juillet
1882. S. 83. 1. 56. — 31 mars 884. S. 85. 1. 167. — Alger 7 nov.
1892. D. 94. 2. 16. — Alger. 24 mai 1894. D. 96. 2. 205. — THOMINE.
n° 850. — PERSIL, fils, n° 390. — PETIT, Surench., p. 176.

implicitement de l'article 739, C. pr. Cet article indique
les formalités à suivre en cas de folle enchère en ren-
voyant aux articles qui les contiennent ; s'il avait voulu
autoriser la surenchère du sixième, il aurait aussi ren-
voyé aux articles qui lui sont relatifs et l'omission de
ces derniers ne peut être regardée que comme l'exclusion intentionnelle de cette surenchère.

Cette différence se conçoit très bien, car, nous fait
remarquer M. Labbé (1), la surenchère du sixième est
seulement destinée à réparer les surprises et les négligences qui ont pu se produire et le législateur est libre
de l'accorder ou de la refuser selon que ces surprises
ou ces négligences sont plus ou moins à craindre.

Au contraire les créanciers hypothécaires ne sont pas
forcés d'accepter en paiement le prix obtenu à la suite
d'une vente à laquelle ils sont restés étrangers. Leur
droit de surenchère reste entier tant qu'ils n'ont pas
accepté les offres faites par l'adjudicataire ou que le
délai de quarante jours qui leur est laissé pour l'exercer
n'est pas écoulé ; l'adjudication sur folle enchère ne
peut avoir pour effet de le leur enlever. Et un arrêt de
la cour de Dijon du 14 Mars 1855 (2) ajoute : « Si faute
par l'adjudicataire de remplir les conditions de la vente
judiciaire, il y a lieu à une revente sur folle enchère
qui a pour objet de substituer un nouveau prix d'adjudication à l'ancien, il n'y a aucune raison de droit qui

(1) *Journal du Palais*, 1864, p. 1073.
(2) S. 1855, 2, 571.

fasse obstacle à ce que la surenchère du dixième s'exerce sur ce nouveau prix, qui subsiste seul. Il serait d'ailleurs contraire à toute idée de justice d'admettre que le créancier inscrit, au profit duquel l'article 2185 C. civ. a créé un droit de surenchère sur le prix d'adjudication, fût déchu de ce droit, par cela seul que le premier adjudicataire, n'ayant pas rempli ses engagements, aurait donné lieu à une revente sur folle enchère, dont l'effet est d'amoindrir le gage du créancier ».

On ne peut pas objecter que les créanciers ont été suffisamment prévenus par la publicité donnée à la vente sur folle enchère, par les affiches et les insertions dans les journaux et qu'ils ont pu ainsi assister aux enchères. Les créanciers hypothécaires ont, en effet, un droit réel sur l'immeuble, ils doivent dès lors recevoir des notifications qui les mettront en cause directement et la publicité générale est insuffisante à leur égard.

On répond, il est vrai, en opposant la maxime : surenchère sur surenchère ne vaut, que l'on interprète en ce sens, qu'après deux enchères il y a certitude que le prix de l'immeuble a atteint sa plus haute valeur, si bien que, la seconde enchère se produisant à la suite d'une surenchère du sixième ou à la suite d'une folle enchère, la surenchère du dixième est toujours interdite.

Mais ce que la loi défend c'est une surenchère après une première surenchère elle ne l'interdit pas après une folle enchère. En effet, il y a une grande différence entre la vente sur surenchère et la vente sur

folle enchère. Dans le cas où, après une première vente,
il survient une surenchère, le prix d'adjudication est
forcément plus élevé en raison du supplément d'enchères auquel s'est engagé le surenchérisseur ; de plus
la seconde vente ne se passera pas sans enchérisseurs
puisque l'immeuble sera convoité à la fois par le premier acquéreur et par le surenchérisseur, si bien que
l'on peut admettre que le prix obtenu par l'immeuble
correspond à sa véritable valeur.

Au contraire, en cas de folle enchère, on présume
généralement que si l'adjudicataire n'a pas exécuté les
charges de l'adjudication, c'est parce que celles-ci
étaient trop lourdes et que le prix était trop élevé ;
aussi les enchérisseurs se montrent-ils peu empressés
et le prix de la revente est-il presque toujours inférieur
au précédent.

On nous dit, d'autre part, que si le fol enchérisseur
est tenu en vertu de l'article 740, C. pr. de la différence
entre son prix et celui de la revente sur folle enchère,
c'est que le prix de l'immeuble est définitivement fixé
et que les créanciers n'ont plus le droit de chercher à
l'élever au moyen d'une surenchère du dixième, car
cette surenchère changerait la base de l'obligation du
fol enchérisseur.

Mais il nous semble qu'on exagère ainsi la portée de
l'article 740. Il prévoit le cas le plus fréquent, c'est-à-
dire celui où le prix de l'adjudication sur folle enchère
sera inférieur à celui de la première adjudication et il

assure aux créanciers un prix au moins égal à ce dernier, mais il n'a pas pour but de priver les créanciers hypothécaires du droit de surenchérir. S'ils usent de leur droit, le prix d'adjudication sur surenchère remplacera celui de la folle enchère et c'est sur lui que se calculera la différence avec le prix de la première adjudication. Ce sera d'ailleurs avantageux pour le fol enchérisseur puisqu'il a ainsi grande chance de voir l'immeuble vendu à un prix au moins égal à celui de son adjudication et que, s'il est vendu un prix inférieur, la différence avec son prix sera moins grande qu'en l'absence de surenchère, puisque celle-ci aura augmenté d'un dixième le prix de l'adjudication sur folle enchère et diminué d'autant son obligation.

Enfin le danger de voir éterniser par plusieurs reventes successives l'incertitude de la propriété n'est pas suffisant pour détruire un droit conféré par la loi aux créanciers. D'ailleurs cet inconvénient n'est pas à craindre en pratique puisque les créanciers inscrits peuvent s'opposer aux reventes successives en faisant sommation à l'adjudicataire de notifier aux créanciers ou de délaisser.

La solution que nous adoptons est si rationnelle que M. Paul Pont lui-même, après l'avoir combattue, s'y est rallié et, dans la seconde édition de son ouvrage, il admet aussi que les créanciers hypothécaires conservent la faculté de surenchérir du dixième après folle enchère (1).

(1) En ce sens. Aubry et Rau, t. III. page 500. note 14. — Paris, 10 Mai 1834. S. 34. 2. 275. — Dijon, 14 Mars 1855, déjà cité. — Bordeaux, 23 Juillet 1861. S. 62. 2. 197. — Cass., 6 Juillet 1864. S. 64. 1. 377. — Bordeaux, 3 Mai 1867. S. 67. 2. 279. — Aix, 10 Août 1888, sous Req. 21 Oct. 1889. S. 90. 1. 60.

CHAPITRE II

JUGEMENTS D'ADJUDICATION QUI N'OPÈRENT PAS
PAR EUX-MÊMES PURGE DES HYPOTHÈQUES INSCRITES

Nous venons d'examiner les jugements d'adjudication qui opèrent par eux-mêmes purge des hypothèques inscrites et à la suite desquels l'adjudicataire n'a pas besoin d'opérer les formalités requises pour purger et, par suite, de faire transcrire le jugement d'adjudication. Les autres jugements d'adjudication ne portent aucune atteinte aux droits des créanciers hypothécaires, qui peuvent exercer leur action hypothécaire contre l'adjudicataire, en vertu de leur droit de suite. L'adjudicataire a donc intérêt à débarrasser son immeuble des charges qui le grèvent et pour cela il doit avoir recours à la purge et, par conséquent, faire transcrire le jugement d'adjudication.

Mais le droit de purger n'appartient cependant pas à tous les adjudicataires. La purge, en effet, est de nature à porter atteinte aux droits des créanciers, puis-

qu'elle a pour but de les obliger à accepter le paiement
de leurs créances avant l'échéance et que, souvent, la
vente survenant à un moment inopportun, alors que
l'immeuble était déprécié, le prix est insuffisant pour
les désintéresser tous. La purge a donc un caractère
exceptionnel et ne peut appartenir qu'à ceux auxquels
la loi l'accorde.

Or la loi n'indique nulle part en termes formels les
personnes auxquelles elle reconnaît le droit de purger
et celles auxquelles elle refuse ce droit, mais on peut
néanmoins les déterminer facilement. Les textes relatifs à la purge nous parlent, en effet, des *tiers détenteurs*
(art. 2181), du *nouveau propriétaire* (art. 2183, 2185,
2186, 2187, 2192), de *l'acquéreur* ou *donataire* (art. 2184.
2188, 2189) et des *acquéreurs* (art. 2193, 2195). C'est
donc que la loi n'accorde le droit de purger qu'à des
tiers, c'est-à-dire à ceux qui sont restés étrangers au
contrat primitif et à la convention d'hypothèque, et
alors seulement qu'ils sont *nouveaux propriétaires*,
c'est-à-dire qu'il y a eu mutation de propriété.

Nous disons, d'une part, que pour avoir le droit de
purger, il faut être étranger à la dette et à la convention d'hypothèque. En effet, si l'adjudicataire a été partie au contrat constitutif d'obligation, il s'est engagé
envers le créancier à payer intégralement la dette à une
époque déterminée, il ne peut donc pas se soustraire à son
obligation en offrant à ce créancier un paiement partiel
et anticipé. S'il a été partie à la convention d'hypo-

thèques, il est tenu à garantie envers le créancier et il
ne peut pas l'évincer en purgeant (1).

C'est pourquoi le droit de purger est refusé au débiteur solidaire de la dette hypothécaire, qui a été partie
au contrat : à la caution personnelle qui s'est engagée
à payer, si le débiteur n'accomplissait pas ses obligations ; à la caution réelle qui a consenti une hypothèque sur ses biens en garantie de la dette d'autrui, car
elle a été partie au contrat constitutif d'hypothèque ;
aux héritiers du débiteur principal, du débiteur solidaire
et de la caution, parce qu'ils succèdent à toutes leurs
obligations et doivent respecter l'hypothèque ; enfin
aux légataires universels ou à titre universel et aux
donataires de biens présents et à venir de ces mêmes
personnes, parce qu'ils sont réputés avoir été parties
au contrat d'hypothèque, représentés par elles.

Nous disons, d'autre part, que la faculté de purger
n'est donnée qu'aux tiers qui ne sont tenus qu'en raison de la possession de l'immeuble hypothéqué à lui
conférée par l'adjudication. La loi, par les termes qu'elle
emploie, semble en effet, exiger que le jugement d'adjudication ait produit une mutation de propriété, qu'il soit
translatif. S'il était confirmatif ou déclaratif, nous
verrons que l'adjudicataire serait réputé avoir été partie au contrat hypothécaire et que, par conséquent, il
ne pourrait pas se soustraire à son obligation en procédant à la purge.

(1) Cass., 5 déc. 1882. D. 83. 1. 378. — 9 juillet 92. D. 93. 1. 569.

Il faut cependant mettre à part le cas où l'adjudicataire, à la suite d'un jugement déclaratif ou confirmatif, a acquis la propriété de l'immeuble à la suite d'une précédente adjudication translative, qui autorisait la purge des hypothèques inscrites. S'il n'a pas purgé à ce moment, il conserve le droit de le faire après la seconde adjudication, celle-ci n'ayant pas pour effet de le priver d'un droit qui ne peut lui être retiré que par l'exercice de poursuites de la part des créanciers ou par l'expiration du délai d'un mois après la sommation de notifier que ceux-ci lui ont faite. Et dans ce cas, il devra opérer la transcription non pas du jugement déclaratif ou confirmatif, mais du titre translatif de propriété, puisque l'article 2181 C. civ. exige, comme préliminaire de la purge, la transcription des contrats translatifs de propriété.

Nous allons donc examiner d'abord les jugements déclaratifs et confirmatifs, à la suite desquels l'adjudicataire ne peut pas purger, puis les jugements confirmatifs à la suite desquels la purge est admise en principe.

§ I. — Jugements d'adjudication confirmatifs ou déclaratifs

Nous venons d'établir que la loi n'a voulu laisser à l'adjudicataire le droit de purger qu'autant que le jugement d'adjudication avait eu pour effet de lui transférer la propriété : les jugements d'adjudication confirmatifs et déclaratifs n'opérant pas mutation de propriété, il en résulte, qu'après eux, l'adjudicataire n'aura pas le droit de purger.

En effet, on considère ici l'adjudicataire comme ayant toujours été propriétaire de l'immeuble, le jugement d'adjudication ne faisant que confirmer et consolider sur sa tête un droit qui s'y trouvait déjà, en sorte qu'il ne peut songer à purger les hypothèques qu'il a consenties lui-même et qu'il est réputé, pour celles consenties par l'ancien propriétaire, avoir été partie au contrat constitutif et, à ce titre, est privé du droit de purger.

Nous trouvons l'application de ces principes :

1° Dans le cas où un acquéreur, un légataire ou un donataire restent adjudicataires d'un immeuble qu'ils ont délaissé pour échapper aux poursuites des créanciers. Nous savons, en effet, que le délaissant n'abandonne pas la propriété de l'immeuble, qu'il se dessaisit seulement de la détention et que, lorsqu'il devient ensuite adjudicataire, il ne fait que recouvrer la détention, sans réaliser une acquisition. N'ayant jamais cessé d'être propriétaire, il ne peut pas purger les hypothèques qu'il a valablement consenties sur l'immeuble.

Nous serons cependant obligés de faire ici la distinction que nous avons indiquée, au sujet des hypothèques consenties par un précédent propriétaire. Si le délaissant avait acquis auparavant l'immeuble à la suite d'un acte translatif de propriété autorisant la purge et qu'il ne l'eût pas opérée à ce moment, il conserve la faculté de l'opérer après le jugement d'adjudication sur délaissement. Il en sera ainsi de l'acheteur amiable ou du légataire particulier, qui pouvaient tous deux purger au lieu de délaisser, n'étant ni l'un ni l'autre obligés personnellement à la dette. Mais à part cette restriction, le délaissant qui se rend adjudicataire de l'immeuble délaissé n'a pas le droit de purger.

2° Nous en dirons autant du cohéritier et du copartageant qui se portent adjudicataires d'un immeuble licité. En vertu de la fiction contenue dans l'article 883, C. civ., ils sont réputés avoir été toujours propriétaires de l'immeuble à l'exclusion des autres copartageants, il en résulte, d'une part, que les hypothèques constituées par ces derniers sont nulles et que la purge est inutile pour les faire disparaître; d'autre part, que l'adjudicataire ne peut pas purger les hypothèques qu'il a lui-même constituées. Quant à celles établies par l'ancien propriétaire, elles ne pourront être purgées par la raison que l'adjudicataire est censé avoir participé au contrat hypothécaire.

Et, s'il s'agit d'un cohéritier, la solution est d'autant plus rationnelle qu'il est l'ayant-cause du défunt et le continuateur de sa personne et que, par suite, il reste tenu de ses obligations, pour sa part virile relativement aux dettes divisibles, mais pour le tout relativement aux obligations indivisibles comme l'hypothèque (art. 873, C. civ.). C'est ce qu'exprime un arrêt de la

Cour de cassation du 19 juillet 1837 (1): «Attendu qu'en parcourant les articles qui déterminent les conditions de la purge hypothécaire à laquelle le tiers détenteur est soumis, il devient évident que, dans cet ensemble de dispositions, le législateur n'a eu en vue que le tiers qui détient en vertu d'un titre translatif de propriété. — Attendu qu'on ne saurait appliquer de pareilles dispositions à l'héritier tenu hypothécairement sur les biens héréditaires de la totalité des dettes de la succession à laquelle il a pris part. — Qu'en principe l'héritier représente la personne du défunt, qu'il est soumis à toutes ses obligations, que si l'article 873 et l'article 1220 établissant la divisibilité de ses obligations dans l'intérêt des héritiers relativement à l'action personnelle, le premier des dits articles et l'article 1221 veulent que cette faveur qui porte une sorte d'atteinte au contrat primitif, cesse sous le rapport de l'action hypothécaire et que l'héritier en soit tenu pour le tout, sauf son recours contre ses cohéritiers. »

3° Enfin la solution est la même dans le cas où un héritier bénéficiaire reste adjudicataire d'un immeuble de la succession qu'il a fait vendre en justice.

Nous avons vu que l'héritier bénéficiaire différait de l'héritier pur et simple uniquement parce qu'il n'était tenu des dettes de la succession que jusqu'à concurrence de l'émolument recueilli. le bénéfice d'inventaire

(1) D. *Jur.*, *gén.*, v° Success., n° 1368.

ayant pour principal effet de maintenir distincts les deux patrimoines du défunt et de l'héritier. Par conséquent il est, aussi bien que l'héritier pur et simple, continuateur du défunt et son ayant-cause, il reste comme lui tenu des hypothèques du défunt et ne peut pas les purger après l'adjudication.

D'autre part, nous avons admis que l'acceptation sous bénéfice d'inventaire n'avait pas pour effet d'enlever la propriété des biens de la succession à l'héritier, nous avons considéré ce dernier comme n'ayant jamais cessé d'être propriétaire, si bien que lorsqu'il reste adjudicataire d'un immeuble, le jugement d'adjudication est simplement confirmatif : il ne pourra donc pas purger, puisque seuls les jugements d'adjudication translatifs autorisent la purge.

Cependant cette solution est rejetée par la Cour de cassation. Elle admet bien que le jugement d'adjudication prononcé au profit de l'héritier bénéficiaire est simplement déclaratif, mais elle décide, malgré cela, que ce dernier a le droit de purger les hypothèques inscrites. Son opinion est manifestée dans de nombreux arrêts rendus en matière fiscale et dans lesquels elle reconnaît à l'administration de l'Enregistrement le droit de percevoir le droit fixe de transcription contre l'héritier bénéficiaire.

Elle raisonne ainsi : sans doute avant la loi du 28 avril 1816, on pouvait dire que les actes simplement déclaratifs ou confirmatifs n'étaient pas sujets au droit de transcription, puisque la loi du 21 ventôse an VII, qui avait établi ce droit, n'y soumettait, dans son article 25, que les actes emportant *mutation* de propriété ; mais depuis la loi de 1816 il n'en est plus ainsi. Cette loi, dans son article 54, déclare que, dans tous les cas où les actes seront *de nature à être transcrits*, le droit sera augmenté de un et demi pour cent ; elle frappe donc ainsi du droit de transcription non seulement les actes translatifs, mais aussi les actes déclaratifs ou confirmatifs dont la transcription peut présenter un intérêt.

Or la transcription du jugement d'adjudication au profit de l'héritier bénéficiaire peut être très utile. Sans doute, en vertu de l'article 883, les hypothèques consenties par les autres cohéritiers sont non avenues, mais celles constituées par le défunt subsistent et, comme il n'est débiteur que jusqu'à concurrence de la valeur de la succession, que son patrimoine reste distinct de celui du de cujus, on doit dire que s'il reste adjudicataire d'un immeuble de la succession, il n'est pas tenu personnellement de payer les dettes inscrites sur cet immeuble et que, par conséquent, il a le droit de purger. La transcription du jugement d'adjudication lui sera donc utile comme préliminaire de la purge et il est juste de percevoir sur lui le droit de transcription.

Mais, sans discuter la question de savoir si la loi de 1816 a eu pour but d'étendre celle de l'an 7, relativement aux actes soumis à la transcription, ce que nous ne pensons pas, nous remarquons que la Cour de cassation affirme que l'héritier bénéficiaire est un tiers détenteur et qu'il a le droit de purger sans apporter un argument en faveur de son assertion. Ses arrêts débutent tous à peu près en ces termes : « Attendu que les dispositions des articles 2181 et 2183, C. civ. s'appliquent à l'héritier bénéficiaire qui, n'étant pas tenu personnellement, a la faculté de purger les immeubles héréditaires à lui adjugés sur licitation (1) »; mais aucune preuve n'est donnée, c'est une simple pétition de principe.

Or, comment admettre que le droit de transcription soit dû par l'héritier bénéficiaire parce qu'il n'est pas tenu personnellement à la dette, alors que, lorsque l'héritier pur et simple a payé sa part héréditaire des dettes et qu'il n'est plus tenu personnellement, il ne doit pas payer ce même droit s'il devient adjudicataire d'un immeuble héréditaire ?

D'ailleurs depuis la loi de 1855 notre solution aurait dû être admise sans conteste, puisque son article 1er n° 4 exempte formellement de la transcription les jugements d'adjudication sur licitation au profit du cohéritier, sans distinguer entre l'héritier pur et simple et l'héritier bénéficiaire.

Mais la Cour de cassation écarte la loi de 1855 en disant qu'elle n'a en vue que la transmission de la propriété qu'elle subordonne désormais, à l'égard des

(1) 26 févr. 1862. S. 62. 1. 612. — 27 juillet 1862. D. 62. 1. 372. — 27 nov. 1872. S. 73. 1. 87.

tiers, à la transcription du contrat, au lieu de la faire résulter, comme auparavant, du simple consentement, et qu'elle laisse intactes les règles de la purge. Les arrêts sont sur ce point formulés d'une façon identique, si bien que la Cour semble avoir adopté une formule invariable : « Attendu que la loi de 1855 ne contient aucune innovation, qu'elle a pour but principal de réglementer la transmission de la propriété : que si elle a dispensé de la transcription les partages et les jugements d'adjudication sur licitation au profit d'un copartageant, elle a prononcé cette dispense au point de vue du dessaisissement de l'ancien propriétaire et par application du principe posé dans l'article 883. C. civ., mais que rien n'établit qu'elle ait entendu accorder aussi cette dispense au point de vue de la purge des hypothèques. — Qu'elle ne modifie pas la purge..... ne porte aucune atteinte aux articles 2181 et 2183, C. civ. aux termes desquels la transcription est nécessaire pour donner aux créanciers inscrits le premier avertissement qui ouvre la purge et porter l'acte à la connaissance du public. » (1)

Mais il est impossible d'admettre que le législateur ait voulu établir deux catégories d'actes de nature à être transcrits et surtout qu'il ait fait rentrer un même acte dans ces deux catégories. Et il en serait ainsi de la licitation au profit de l'héritier bénéficiaire qui serait

(1) 26 Févr. 1862, cité — 28 Juillet 1862, cité — 22 Juin 1870, D. 70. 1. 413. — 27 Nov. 1872, cité.

affranchie de la transcription par la loi de 1855 et y
serait soumise pour la purge par le Code civil. Il vaut
mieux dire que le 4° de l'article 1er de la loi de 1855
s'applique à la purge comme à la mutation de propriété
et qu'il détermine pour les deux espèces les cas dans
lesquels la transcription aura lieu.

D'ailleurs nous ne voyons pas comment la Cour de
cassation peut persister dans sa jurisprudence. Nous
savons que la purge ne peut avoir lieu qu'après une
mutation de propriété. La loi de Brumaire an VII, dans
son article 30, ordonne à celui qui veut purger de notifier aux créanciers son contrat d'*acquisition* ; le Code
civil ordonne de transcrire, pour arriver à la purge, les
contrats *translatifs* de propriété ou de droits réels
immobiliers. Par conséquent la purge ayant toujours
pour point de départ la transcription d'un acte translatif, ne peut être invoquée par l'héritier bénéficiaire
adjudicataire d'un immeuble de la succession, puisque le
jugement d'adjudication est simplement confirmatif.

Aussi la Cour de cassation reconnaissant que le
jugement d'adjudication sur licitation au profit de
l'héritier bénéficiaire ne produisait pas mutation de
propriété devrait logiquement refuser à cet héritier le
droit de purger et ne pas le considérer comme débiteur
du droit fixe de transcription. Elle ne ferait ainsi que
se ranger à l'opinion unanime des auteurs et de la plupart des cours et tribunaux.

§ II. — Jugements d'adjudication translatifs.

Nous avons démontré qu'à la suite des jugements d'adjudication translatifs, l'adjudicataire avait, en principe, la faculté de purger et qu'il n'en était privé qu'autant qu'il avait été partie au contrat ou à la convention d'hypothèque. Par conséquent si l'adjudicataire n'est pas tenu personnellement de la dette, il devra opérer la transcription de ces jugements pour arriver à la purge des hypothèques inscrites sur l'immeuble.

Il en sera ainsi à la suite d'une adjudication sur licitation ou sur délaissement : à la suite d'une vente judiciaire de biens de mineurs ou d'interdits ; d'immeubles appartenant à une femme dotale ; des biens d'une succession bénéficiaire ; des biens appartenant à une personne qui a fait cession de biens et enfin à la suite de l'adjucation des immeubles d'un failli prononcée sur les poursuites du syndic de la faillite.

Il n'y avait tout d'abord aucune contestation élevée sur ce point, mais depuis la loi du 28 mai 1838 sur les faillites, il s'en est élevé à propos du jugement d'adjudication des immeubles du failli. On a soutenu que l'adjudication pure et simple après faillite purgeait virtuellement les hypothèques et que l'adjudicataire était, par suite, dispensé de faire transcrire le jugement d'adjudication. La Cour de cassation a adopté cette opinion que nous trouvons exposée dans de nombreux arrêts longuement motivés.

Elle s'appuie tout d'abord sur l'article 573, C. com. ainsi conçu : « La surenchère, après adjudication des immeubles du failli sur la poursuite des syndics, n'aura lieu qu'aux conditions et dans les formes suivantes : La surenchère devra être faite dans la quinzaine. — Elle ne pourra être au-dessous du dixième du prix principal de l'adjudication. — Elle sera faite au greffe du tribunal civil, suivant les formes prescrites par les articles 710 et 711 (708. 709) C. civ., toute personne sera admise à surenchérir. — Toute personne sera également admise à concourir à l'adjudication par suite de surenchère. Cette adjudication demeurera définitive et ne pourra être suivie d'aucune autre surenchère. »

Or, dit la Cour, cet article établit en matière de faillite un mode de surenchère spécial qui réunit tous les avantages des autres. Le législateur a voulu réduire et simplifier les formalités de la vente des immeubles du failli, sans cependant sacrifier les droits des créanciers hypothécaires; c'est pourquoi, d'une part, il étend, en faveur des créanciers, le délai utile pour faire surenchère et, d'autre part, il entend que, passé ce délai, les droits de ces créanciers soient épuisés et que toute surenchère de leur part soit impossible. « Attendu, dit un arrêt du 3 août 1864 (1), que les article 572 et 573, C. com. ont pour objet spécial de régler d'une manière absolue et définitive les conditions et suites de la vente

(1) S. 64. 1. 381.

des immeubles du failli en conciliant au moyen des dispositions nouvelles le légitime exercice du droit de surenchère des créanciers avec la nécessité de simplifier et d'activer la liquidation de la faillite. » Par conséquent la seule surenchère admise ici est celle qui est organisée par cet article dont les termes, à ce sujet, sont très explicites puisqu'il dit que la surenchère *n'aura lieu qu'aux conditions suivantes*, ce qui exclut toute autre surenchère et interdit, par là-même, les formalités de la purge qui ont pour objet de provoquer la surenchère de la part des créanciers inscrits.

Cette disposition se justifie par ce fait que la vente des biens du failli présente les caractères d'une vente sur saisie immobilière. Elle se produit à la suite d'une mainmise sur les biens du failli autorisée par la justice ; elle réalise le gage commun des créanciers et transporte leur droit de l'immeuble sur le prix ; elle doit donc produire les mêmes effets que la saisie, et le jugement d'adjudication doit fixer d'une façon définitive le prix à distribuer.

D'ailleurs, bien que n'ayant pas reçu les notifications prescrites par l'article 2183, C. civ., les créanciers sont suffisamment prévenus de la vente des biens du failli par la publicité générale qui est donnée à la faillite. Le plus souvent même ils auront reçu une invitation à déposer leurs titres et auront ainsi surveillé la marche de la procédure ; ils ne pourront pas ignorer la date des enchères, seront à même d'y assister et, par suite,

à leur égard, le prix atteint par l'immeuble sera définitif et ne pourra être contesté.

Bien plus, les notifications de l'article 2183 ne peuvent
se concevoir ici, puisque les créanciers hypothécaires
sont en somme parties à l'instance en adjudication, qu'ils
jouent le rôle de vendeurs. Sans doute l'article 572,
C. com. leur interdit d'agir par eux-mêmes et déclare
que « les syndics seuls seront admis à poursuivre la
vente », mais s'il en est ainsi, c'est pour hâter la liquidation de la faillite en évitant les poursuites successives
des créanciers et aussi pour assurer l'égalité entre ces
derniers ; le syndic les représente tous, il est leur mandataire légal et lorsqu'il vend les biens du failli, on
peut dire que ce sont les créanciers inscrits qui les
vendent par son entremise. « Attendu, dit un arrêt du
13 août 1867 [1], que tous les créanciers personnels du
failli sont réputés avoir eu connaissance de la vente
faite par le syndic dans l'intérêt général de la masse ;
que le syndic est représentant légal de tous les créanciers du failli, puisque lui seul a droit de vendre en leur
nom ; qu'en réalité ce sont les créanciers qui vendent
leur gage commun par l'entremise et le ministère du
syndic. » Dès lors les notifications n'ont aucune raison
d'être [2].

(1) S. 67, 1, 390.
(2) Comp., Req. 19 Mars 1851, S. 51, 1, 292. — 3 août 1867,
cité. — 8 avril 1867, S. 68, 1, 31. — Orléans, 20 mars 1850, S. 50,
2, 325. — Nimes, 28 janv. 1856, S. 56, 2, 301. — Caen, 1er juillet
1864, S. 64, 2, 284. — Riom, 6 févr. 1874 et sur pourvoi Rej.
20 avril 1875, D. 75, 1, 209. — ROMIERE, Proc. civ., t. III, p. 453. —
LAINNÉ, Faillite, p. 488.

Nous ne croyons pas devoir nous ranger du côté de la Cour de cassation et nous préférons adopter l'opinion de la majorité des auteurs et de la plupart des cours et tribunaux, qui considèrent la purge comme nécessaire à la suite du jugement d'adjudication des biens du failli.

Nous ne pensons pas, en effet, que l'article 573, C. com. ait modifié en quoi que ce soit le droit de surenchère des créanciers inscrits, car s'il en était ainsi il l'aurait dit formellement. Cet article ne vise que la surenchère ordinaire accordée à toute personne après une vente judiciaire, elle porte le délai utile à sa déclaration de huitaine à quinzaine et abaisse le taux de la surenchère à un dixième. Il remplace l'ancien article 565 qui autorisait la surenchère, au même taux d'un dixième à *tout créancier*, dans un délai de huitaine. Il y avait alors controverse sur le point de savoir si cette surenchère excluait celle du quart accordée à toute personne, et c'est pour la faire cesser que le législateur a admis ici toute personne à surenchérir, indiquant bien ainsi sa volonté d'unifier ces deux surenchères. C'est ce qu'indique très bien M. Renouard, rapporteur de la loi à la Chambre en 1835, dans son Traité des faillites et banqueroutes. (1) « L'article a porté à quinzaine au lieu de huitaine le délai pour surenchérir. Il a admis toute personne à surenchérir. Par là se trouve tranché un très sérieux débat sur la question de savoir si la surenchère

(1) T. 2, p. 367.

du quart ouverte à toute personne par le Code de procédure civile concourait avec la surenchère du dixième
ouverte par le Code de commerce à tout créancier. »
Mais il n'est pas question de la surenchère autorisée par
l'article 2185, C. civ., elle reste donc toujours possible.

Ce que l'article 573, C. com., interdit, c'est une nouvelle
surenchère après celle qu'il établit, mais il ne fait ainsi
qu'une application de la règle : surenchère sur surenchère
ne vaut. Si, dans la quinzaine qui suit le jugement d'adjudication, une surenchère de l'article 573 est intervenue,
les créanciers ne pourront pas en provoquer plus tard,
c'est le droit commun. Mais si ce délai s'écoule sans
surenchère de la part d'un tiers, les créanciers hypothécaires conservent leur droit intact ; ils pourront encore
surenchérir dans les quarante jours qui suivront la notification à eux adressée par l'adjudicataire. Cette solution
est formellement indiquée par le dernier alinéa de l'article
573, qui dit : « Cette adjudication demeurera définitive
et ne pourra être suivie d'aucune autre surenchère. »
C'est ainsi reconnaître qu'en principe une autre surenchère est possible et qu'elle n'est interdite que dans le
cas où la surenchère de l'article 573 est exercée. (1)

D'autre part nous ne voyons pas comment on peut faire
produire à l'adjudication des biens du failli à la requête
du syndic les effets de l'adjudication sur saisie immobi-

(1) En ce sens : Trib. de Joigny, 16 janvier 1856. Sous Cass.,
9 nov. 1858. S. 58. 1. 440. — Douai, 27 déc. 1862. s. 64. 1. 382. —
Besançon, 15 mars 1880. S. 81. 2. 162.

lière, alors que l'article 572, C. com., déclare que les
syndics seront tenus de procéder à la vente selon les
formes prescrites pour la vente des biens de mineurs et
assimile ainsi à cette dernière la vente des biens du
failli. Or la vente des biens de mineurs n'emporte pas
purge virtuelle des hypothèques inscrites, pourquoi en
serait-il autrement pour la vente des biens du failli ?

D'autant que si l'adjudication sur saisie immobilière
emporte purge par elle-même, c'est parce que les créanciers sont liés à la procédure par des notifications individuelles et qu'ils ne peuvent plus contester le prix
d'une adjudication à laquelle ils ont participé, tandis
que les créanciers hypothécaires du failli n'ont reçu
aucune de ces notifications.

On nous dit, il est vrai, que la publicité très large
donnée à la faillite supplée à l'absence de notifications
personnelles. Mais cette publicité générale ne suffit pas,
elle peut ne pas atteindre les créanciers hypothécaires,
puisqu'ils ne sont pas appelés au concordat et d'ailleurs
ceux-ci, en raison de leur droit réel sur les immeubles
du failli doivent recevoir un avis direct de la réalisation
de leur gage.

Et puis comment admettre que le syndic est le mandataire des créanciers hypothécaires et que ceux-ci sont
de la sorte parties à la vente et liés à la procédure ? Si
l'on adoptait cette solution, on ne pourrait l'appliquer
qu'autant que la vente aurait eu lieu après l'union, car ce
n'est qu'à ce moment que les intérêts communs sont

groupés et qu'on peut considérer les créanciers comme légalement représentés. Si, au contraire, le syndic, dans le but de se procurer des fonds nécessaires aux opérations de la faillite, se faisait autoriser par le tribunal de commerce à procéder à la vente avant l'union, il ne pourrait pas être réputé mandataire des créanciers, la vente ne pourrait être considérée comme faite par eux, elle serait volontaire et la purge serait nécessaire pour faire disparaître les hypothèques.

La Cour de cassation est obligée d'admettre cette distinction. Ses premiers arrêts, sans la formuler expressément, la laissent deviner, nous y lisons, en effet : « Attendu que cette disposition se justifie par cette considération *qu'en cas d'union* tous les créanciers du failli sont réputés avoir eu connaissance de la vente faite par le syndic » (1) ; ou encore : « Attendu que la surenchère de l'article 573, C. com., est spéciale aux ventes faites par le syndic des immeubles du failli *alors que les créanciers sont en état d'union.* » (2) Puis un arrêt du 4 juin 1889 (3) a consacré définitivement le principe que les ventes effectuées par le syndic avant l'union devaient être considérées comme volontaires, si bien qu'il propose d'exiger le consentement du failli pour y procéder (4).

(1) 3 Août 1864. S. 64. 1. 581. — 13 Août 1867. S. 67. 1. 390.
(2) 6 Juillet 1881. S. 82. 1. 51.
(3) D. 90. 1. 133.
(4) Un arrêt de Douai du 28 Juin 1894 (D. 95. 2. 161) refuse le caractère de vente volontaire à une vente de biens de failli,

D'autre part le syndic ne pourrait pas être le mandataire des créanciers qui ne font pas partie de l'union. C'est ce que reconnaît encore la Cour de cassation dans un arrêt du 13 août 1867 (1), pour les créanciers hypothécaires du chef de précédents propriétaires. Ils ne tiennent pas leurs droits du failli, ils peuvent avoir ignoré l'acquisition faite précédemment par lui et, par conséquent, ne prêtent aucune attention à la faillite d'une personne qu'ils ne savent pas tenue envers eux; ils sont certains d'être prévenus de la réalisation de leur gage par une sommation personnelle, ils ne doivent pas être trompés. C'est pourquoi leurs hypothèques restent intactes tant que l'adjudicataire n'a pas purgé. La Cour est allée encore plus loin et a admis la même exception pour tous les créanciers hypothécaires qui n'ont pas concouru aux opérations de la faillite et qui ont pu ignorer la vente des biens hypothéqués. (2)

Le jugement d'adjudication des biens du failli n'emporterait donc purge qu'autant qu'il serait rendu après l'union et seulement pour les hypothèques des créan-

___

ordonnée par jugement avant l'union, mais réalisée après. Il en résulte qu'il suffit pour savoir si cette vente est assimilée à une vente forcée et emporte purge de rechercher la date à laquelle elle a eu lieu, sans se préoccuper de l'époque pendant laquelle elle a été préparée.

(1) S. 67.1.390.

(2) 9 nov. 1858. S. 58.1.440 et LABBÉ, *Rev. crit.*, 1861. t. XIX, p. 301.

ciers ayant pris part à l'union, distinction qui ne peut
que compliquer inutilement la question.

Aussi vaut-il mieux dire que le syndic n'est pas le
mandataire des créanciers hypothécaires et ne peut,
par conséquent, compromettre leurs droits en procédant à la vente des immeubles du failli. En effet, le
syndic représente, d'une façon générale, la masse des
créanciers, dans le but d'assurer la liquidation de la
faillite, mais il ne représente pas les intérêts indivi-
duels de chacun d'eux. C'est ainsi que, pour plus de
rapidité, on lui a donné exclusivement le droit de provoquer la vente des immeubles du failli, mais en le faisant, le législateur n'a pas eu l'intention de lier les créanciers hypothécaires à la procédure et de leur faire
perdre ainsi le bénéfice de leur action hypothécaire.
D'ailleurs pour que les actes du mandataire soient
réputés actes du mandant et engagent ce dernier, il faut
que le mandat ait été librement donné et accepté, or ici
le syndic a été désigné par le tribunal de commerce
sans le concours des créanciers hypothécaires que l'article 508, C. com. écarte du concordat, ceux-ci n'ayant
pas contribué au choix du syndic, ne sont pas représentés par lui et ses actes ne peuvent compromettre
que le failli et la masse des créanciers chirographaires,
seuls consultés par le juge commissaire et jamais les
créanciers hypothécaires. Par conséquent les hypothèques inscrites sur l'immeuble n'ont pas été purgées par
le jugement d'adjudication et l'adjudicataire devra

accomplir les formalités prescrites par les articles 2181 et suivants. (1)

(1) DEMANTE et COLMET DE SANTERRE, t. IX, n° 169 bis, XVI°. — BOILEUX sur Boulay-Paty. *Faillite*, t. II, p. 242. — DEMANGEAT sur Bravard, t. I, p. 627. — AUBRY et RAU, t. III, § 293 bis, note 15. — Trib. de Joigny, 16 janv. 1856. S. 58.1.440. — Douai, 4 août 1859. S. 60.2.299 et 27 déc. 1862. sous Cass., 3 août 1864. S. 64.1.382.

Vu : LE PRÉSIDENT DE LA THÈSE,

GLASSON.

Vu : LE DOYEN,
GLASSON.

Vu et permis d'imprimer :

LE VICE-RECTEUR DE L'ACADÉMIE DE PARIS.

GRÉARD.

TABLE DES MATIÈRES

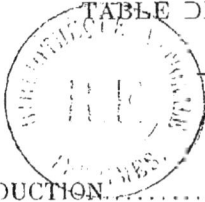

DEUXIÈME PARTIE

**De la transcription des jugements d'adjudication consi-
dérée comme formalité préliminaire de la purge des
hypothèques inscrites.**

BUZANÇAIS (INDRE), IMPRIMERIE F. DEVERDUN .

www.ingramcontent.com/pod-product-compliance
Lightning Source LLC
Chambersburg PA
CBHW050107210326
41519CB00015BA/3862